입맛 당기는 별별 세계 음식

음식으로 세계 문화를 한눈에

입맛 당기는 별별 세계 음식

초판 1쇄 발행 2015년 11월 30일
초판 6쇄 발행 2024년 10월 25일

글쓴이 | 윤은주
그린이 | 이지후
펴낸이 | 김사라
펴낸곳 | 해와나무
출판 등록 | 2004년 2월 14일 제312-2004-000006호
주소 | 서울특별시 영등포구 양산로23길 17 2층
전화 | (02)364-7675(내용), 362-7675(구입) | 팩스 (02)312-7675
ISBN | 978-89-6268-135-2 73380

ⓒ 윤은주, 이지후 2015

- 값은 뒤표지에 있습니다.
- 책 내용의 일부 또는 전부를 인용하거나 발췌하려면 반드시 저작권자와 출판사 양측의 서면 동의를 구해야 합니다.

제조자명: 해와나무 제조국명: 대한민국 제조년월: 2024년 10월 25일 대상 연령: 8세 이상
전화번호: 02-362-7675 주소: 서울특별시 영등포구 양산로23길 17 2층
*KC마크는 이 제품이 공통안전기준에 적합하였음을 의미합니다.
주의: 책의 모서리에 다치지 않게 주의하세요.

음식으로 세계 문화를 한눈에

입맛 당기는 별별 세계 음식

윤은주 글 ★ 이지후 그림

해와나무

차례

별별 나라의 대표 음식 ★8

대한민국 **비빔밥** ★10

일본 **스시** ★16

중국 **만두** ★20

태국 **똠양꿍** ★26

베트남 **포** ★30

인도 **커리** ★34

터키 **케밥** ★38

이탈리아 **피자** ★42

프랑스 **바게트** ★46

독일 **소시지** ★50

스페인 **파에야** ★54

미국 **햄버거** ★58

멕시코 **타코** ★62

별별 나라 별별 음식 ·66

별별 나라의 특별한 음식 ★68

시간도 재료가 되는 **발효 음식** ★70

문화와 전통을 잇는 **명절 음식** ★86

역사와 재미가 보이는 **면 요리** ★96

기후와 환경이 만든 **계절 음식** ★106

아이들의 입맛이 담긴 **간식** ★112

차이를 인정하게 되는 **특이한 음식** ★118

나라별 음식 찾기 •124

별별 나라의 대표 음식

일본 **스시**

미국 **햄버거**

멕시코 **타코**

우리가 사는 지구에는 250여 개의 나라가 있어. 저마다 다른 자연 환경과 문화, 역사를 간직하고 있지. 그중에서도 가장 재미있는 건 역시 음식이야. 그 나라 말이나 글자, 역사는 몰라도 음식은 누구나 같이 먹고 즐길 수 있잖아. 각 나라에는 그 나라 이름만 대면 딱 떠오르는 음식이 있어. 그 음식을 잘 살펴보면 나라의 문화나 민족성, 때로는 종교의 특징까지 담고 있다는 걸 알 수 있지. 보암직하고 먹음직한 세계의 음식, 꼭꼭 씹어 꿀꺽 삼켜 볼까?

대한민국
비빔밥

잘 지은 밥에 온갖 채소, 약간의 고기, 고추장, 달걀부침을 넣고 참기름 두세 방울 떨어뜨려 슥슥 비벼지~

사계절이 밥상에 오르는 한국 음식

우리나라는 사계절의 변화가 뚜렷한 데다 산과 들, 바다에서 온갖 먹을거리들이 풍성하게 나고 자라기 때문에 옛날부터 갖가지 요리가 발달했어. 쌀밥에 찌개나 국을 곁들이고, 제철 재료로 맛깔난 반찬을 만들어 푸짐하게 한 상 차려 먹는 게 우리 밥상의 기본이야. 봄이면 집집마다 된장, 고추장을 담그고, 여름에 흔한 채소로는 장아찌를 만들고, 새우나 멸치를 소금에 절여 젓갈을 만들어 뒀다가 늦가을이면 겨우내 먹을 김장을 담갔지. 특별한 날에는 떡국이나 국수, 삼계탕 같은 특별한 요리도 만들어 먹었어. 우리나라 사람들은 일 년 내내 어떤 것을 어떻게 먹을지 고민한다고 해도 과언이 아니야. 그만큼 우리 음식의 역사와 종류는 깊고 다양해.

놀라운 맛과 효능으로 세계인들의 찬사를 받고 있는 김치, 달달하고 짭조름한 간장 양념에 재운 갈비와 불고기, 온갖 채소와 고기를 당면과 같이 볶는 푸짐한 잡채, 구수한 맛과 영양으로 꽉 찬 된장찌개, 매콤 달콤한 고추장 양념을 듬뿍 넣은 쫀득쫀득 떡볶이까지, 우리 음식 하나하나에는 이런 음식 문화의 숨결이 녹아 있어. 그러니 우리나라를 대표하는 음식을

딱 하나만 꼽는 건 너무 어려운 일이지.

비빔밥은 **어떤 음식**일까?

그래도 한 가지만 꼽는다면 역시 비빔밥이 아닐까. 비빔밥은 잘 지은 밥에 온갖 채소와 약간의 고기를 넣고, 고추장이나 간장으로 잘 비벼서 먹는 음식이야. 밥과 나물이 중심인 우리 음식 문화를 아주 잘 보여 주는 '우리 밥상의 축소판'이라고 할 만해.

우리 민족은 언제부터 비빔밥이라는 음식을 먹었을까? 옛날에 조상들이 제사를 지내고 난 뒤에 남은 음식을 한 그릇에 넣고 비벼 먹으면서부터 시작됐다는 말이 있어. 또 모내기나 추수할 때 들에서 여럿이 함께 밥을 먹으면서 시작됐다는 의견도 있고, 절에서 먹는 '사찰 음식'에서 나왔다는 말도 있지. 정확하게 언제부터 비빔밥을 먹었는지는 알 수 없지만, 한 가지 분명한 것은 비빔밥이 밥과 나물을 먹는 음식 문화에서 탄생한 우리 민족의 고유한 음식이라는 거야.

'골동반'과 '화반'은 비빔밥의 옛날 이름이야. 골동반은 '어지럽게 섞는다'는 뜻이고, 화반은 '꽃처럼 예쁜 밥'이라는 뜻이지. 뜻만 들어도 비빔밥이 어떤 음식인지 딱 알겠지? 이렇게 어렵게 설명하지 않아도 우리에게 비빔밥은 아주 친숙해. 한국 사람들은 잘 익은 열무김치나 나물 반찬 한두 가지만 있으면 매콤한 고추장을 한 숟가락 푹 떠서 넣고 뚝딱 비빔밥을 만들어 먹으니까 말이야. 하지만 다른 나라에는 이렇게 여러 가지 재료를 섞어 먹는 음식이 흔치 않아. 저마다 다른 것들을 섞어 새로운 것을 만들어 내는 한국의 독특한 문화가 비빔밥이라는 음식에 녹아 있다고 할 수 있지. 이쯤이면 대한민국을 대표하는 음식이라 할 만하지?

세계인의 건강식으로 떠오른
비빔밥

이제 비빔밥은 우리나라 사람들만 즐기는 음식이 아니야. 비빔밥을 맛보고 홀딱 반해 버린 외국인들이 수두룩해. 한국이 어디 있는지는 몰라도 비빔밥은 좋아한다는 외국인들도 많아. 왜 그러냐고? 왜겠어. 맛있으니까!

각각의 재료 맛이 살아 있으면서도 서로 잘 어우러져 전혀 새로운 맛을 내는 비빔밥은 정말 맛있는 음식임이 분명해. 숟가락이나 젓가락으로 밥과 재료가 잘 섞이게 썩썩 비비는 것도 아주 재미있지. 하지만 외국인들까지 비빔밥에 반해 버린 또 다른 이유가 있어. 사실 다른 나라의 유명한 음식들은 고기 요리가 대부분이야. 중국인들이 좋아하는 베이징덕*이나 서양 사람들이 즐겨 먹는 스

테이크, 햄버거도 모두 고기로 만든 음식들이야. 이런 요리에는 채소가 거의 들어가지 않거나 아주 약간 곁들여 먹는 수준이지. 이에 비해 비빔밥은 어때? 대부분의 재료가 채소야. 고기는 아주 약간만 들어가지. 옛날에는 고기가 흔하지 않아서 고기 요리가 아주 귀한 대접을 받았지만 요즘은 사정이 달라. 현대인들은 고기와 기름진 음식을 너무 많이 먹어서 몹쓸 병에 걸리거나 비만이 된 사람들이 많아. 그러니 채소를 듬뿍, 그것도 맛있게 먹을 수 있는 비빔밥이라는 음식이 얼마나 반가웠겠어. 외국에는 종교나 신념 때문에 고기를 먹지 않는 채식주의자*들이 많은데, 비빔밥은 그런 사람들에게도 안성맞춤이지. 위에 얹은 고기랑 달걀부침만 빼면 곧바로 채식주의자를 위한 요리가 되니까 말이야. 저마다 좋아하는 재료를 넣어 손쉽게 영양 만점 요리를 만들 수 있으니, 이보다 훌륭한 요리가 또 어디 있겠어.

　어때? 이 정도면 우리나라를 대표하는 음식으로 비빔밥을 꼽은 까닭을 알 수 있겠지?

***베이징덕** 오리를 훈제한 베이징 전통 요리.
***채식주의자** 고기를 피하고 과일, 채소, 해초 등 식물성 음식만 먹는 사람.

재료의 맛과 향과 모양을 살리는 일본 음식

우리와 가장 가까운 이웃나라이면서 또 가장 먼 나라인 섬나라 일본. 일본 사람들은 날마다 생선을 밥상에 올릴 만큼 좋아하고 또 많이 먹어. 전 세계에서 생선을 가장 많이 먹는 나라가 바로 일본이야.

일본에는 '음식은 눈으로 한 번 먹고, 입으로 한 번 먹는다.'는 말이 있을 만큼 음식의 담는 모양, 장식, 그릇에 정성을 기울여. 그리고 양념을 많이 하거나 복잡한 방법으로 만들기보다는 재료의 맛과 향, 모양을 잘 살린 요리를 좋아해. 스시는 바로 그런 일본 음식 문화를 대표하는 요리라고 할 수 있어. 우리나라에서는 흔히 '초밥'이라고 부르지.

스시는 어떤 음식일까?

원래 스시는 밥에 날생선을 버무려 발효시킨 거였어. 이런 조리 방법은 우리나라에도 있는데, 가자미 같은 생선을 새콤하게 발효시켜서 먹는 '식해'야. '가자미식해'라고 들어 봤지? 생선에 갖은 양념과 조밥을 섞어 발효시키는 조리법은 오래전에 동남아시아에서 중국을 거쳐 우리나라와 일본으로 들어왔어. 필리핀의 '부론이스다', 보르네오섬의 '카사무', 태국의 '프라하', 대만의 '토우메' 등이 이런 종류의 초밥이지.

하지만 이 방법으로 발효를 해서 스시를 만들려면 1년이나 걸리는 데다 비용도 많이 들었어. 돈이 많은 부자들이 아니면 맛볼 수 없었지. 그러다 보통 사람들도 스시를 즐길 수 있게 되었어. 발효를 시키는 대신 밥에 식초를 넣고 밥 위에 바로 생선을 올려 만드는 지금의 스시가 탄생하면서부터야. 오랫동안 발효를 시키는 대신 단촛물을 넣어서 맛을 내니까 단 몇 분 만에 스시를 만들 수 있게 됐어. 그 덕에 지금은 누구나 스시를 먹을 수 있게 된 거지.

캘리포니아의 옷을 입은 스시

일본 사람들이 가장 좋아하는 스시 재료는 참치야. 참치는 아주 값비싼 물고기라 집 한 채 값보다 훨씬 비싼 것도 있지. 참치는 아주 커다란 물고기라서 부위마다 맛이 다 다른데, 특히 기름기가 많은 참치 뱃살로 만든 스시는 아주 인기가 많아.

이제 스시는 전 세계 사람들이 즐겨 먹어. 그중에서도 아예 미국의 지명을 붙인 새로운 스시도 생겨났어. 오래전에 미국으로 건너간 일본 사람들이 김이랑 날생선을 잘 먹지 못하는 미국 사람들 입맛에 맞게 스시를 만들었는데, 바로 '캘리포니아롤'이야. 캘리포니아의 특산품인 아보카도와 과일, 치즈를 듬뿍 넣고 달콤한 소스를 뿌려서 화려하게 만드는 게 특징이지. 이렇게 만든 캘리포니아롤은 아주 인기가 많아서 지금은 전 세계 사람들의 사랑을 받는 음식이 됐어.

중국
만두

밀가루에 소금과 물, 효모를 넣고 반죽한 뒤에 발효를 시켜.
동그랗거나 돌돌 만 모양으로 빚어 찌지~

별의별 재료와 방법으로 요리하는 중국 음식

중국은 아주아주 큰 나라야. 자그마치 우리나라 크기의 96배라고 하니까 얼마나 큰지 상상이 돼? 땅덩이가 크다 보니 중국에는 정말이지 별별 동식물이 다 있고, 또 그걸 별의별 방법으로 요리해 먹어. 제비집, 곰 발바닥, 모기 눈알, 상어 지느러미까지 '중국 사람들은 다리가 달린 것은 책상 빼고 모두 먹는다.'는 말이 있을 정도야.

지역에 따라 음식의 특징도 완전히 달라. 남쪽인 광둥 요리는 담백하고, 북쪽인 베이징 요리는 화려해. 서쪽의 쓰촨 요리는 맵고, 동쪽의 상하이 요리는 진하고 기름지지. 공통점은 기름을 많이 사용하고 센 불에 빨리 볶는 요리가 많다는 거야. 또 조미료나 향신료의 종류도 아주 다양해서 진하고 다양한 맛을 내지. 한마디로 중국 요리의 특징은 아주 다양하고 화려하다는 거야. 그럼 중국 사람들은 날마다 이렇게 화려한 요리를 먹는 걸까? 그럴 리가 있나. 그랬다가는 집안 기둥뿌리가 남아나지 않을걸.

만두는 어떤 음식일까?

만두는 중국뿐만 아니라 우리나라, 일본에서도 흔히 먹는 음식이야. 하지만 중국 사람들만큼 만두를 좋아하고 많이 먹는 사람들은 아마 없을 거야. 중국 사람들은 거의 날마다 만두를 먹는다고 해도 과언이 아니야.

중국에서 그냥 '만두'라고 하면 소가 없는 찐빵을 말해. 보통 중국 사람들은 아침으로 소가 없는 만두를 먹어. 보통 우리가 먹는 소가 있는 만두는 만드는 방법에 따라 이름이 달라. 밀가루를 발효시켜 소를 넣고 찐 것은 '포자'라고 하고, 발효시키지 않은 얇은 만두피에 소를 넣은 것은 '교자'라고 해. 작은 크기로 빚은 교자를 넣고 끓인 '훈둔'은 중국에서 가장 인기 있는 아침 식사 메뉴야.

앞에서 중국 사람들이 먹지 못하는 식재료는 거의 없다고 했지? 그러다 보니 만두 소에 들어가는 재료도 무궁무진해. 아주 작은 만두 가게에서도 수십 종류의 만두를 맛볼 수 있단다.

우리나라와 마찬가지로 중국에서도 새해에는 식구들이 모여 교자 만두를 만들어 먹어. 이때 깨끗하게 씻은 동전 한 개를 만두 속에 넣는데, 동전이 들어 있는 만두를 먹는 사람은 그 해에 운수대통한다고 믿어.

만두는 언제부터 먹었을까?

중국의 삼국 시대, 제갈량*이 남만 정벌을 마치고 돌아가는 길에 노수라는 강가에서 심한 파도와 바람을 만나서 발이 묶였어. 사람들은 강의 신이 크게 화가 난 것이라며 49명의 목을 베어 제물로 강에 던져야 한다는 거야. 하지만 아무 죄도 없는 사람을 49명이나 죽일 수 있나. 제갈량은 사람 머리 대신 밀가루로 사람의 머리 모양을 만들고 그 안을 소와 양의 고기로 채워

*제갈량 '촉한'이란 나라의 지혜롭기로 이름난 재상.

강물에 던졌어. 그랬더니 신기하게도 강이 잠잠해졌어. 사람들은 그 음식 때문에 신이 화를 풀었다며 '신을 속인 머리'라는 뜻으로 '만두(瞞頭)'라 이름 붙였어. 지금은 다른 한자를 쓰지만, 이때 생긴 만두가 남만에서부터 북쪽으로 전해져 오늘날 중국의 대표 음식이 됐다고 해.

중국 사람들이 옛날부터 만두를 얼마나 좋아했는지 알 수 있는 이야기가 있어. 송나라 때 권세가 높았던 '채경'이라는 사람은 만두를 너무 좋아해서 집에 만두피만 빚는 사람, 속 재료만 다지는 사람, 솥에 만두만 찌는 사람을 따로 두고 날마다 만두를 만들어 먹었대. 정말 대단한 만두 사랑이지?

공자와 젓가락

중국 사람들은 예술이나 과학 못지않게 요리가 중요하다고 생각해. 사람은 먹지 않고는 살 수 없으니까 그렇게 생각하는 것도 무리는 아니야.

중국인들에게 요리의 중요성을 일깨워 준 사람은 유명한 사상가인 공자야. 공자는 식사 예절은 물론이고 음식을 만들고 즐기는 방법까지도 깊이 연구할 정도로 요리에 관심이 많았어. 공자와 그의 제자들이 만든 요리 기준은 중국 음식 문화의 밑바탕이 됐지. 특히 젓가락을 사용하는 문화는 중국뿐만 아니라 우리나라와 일본, 베트남과 라오스 같은 아시아 여러 나라에 전파됐어. 공자는 밥상에서 위험한 칼을 쓰는 것이 바람직하지 않다고 생각했어.

그래서 젓가락으로 음식을 먹는 것을 권장한 거야. 젓가락으로 음식을 쉽게 먹으려다 보니 재료들을 작게 잘라서 요리하게 됐고, 요리법도 그에 맞게 발달했어.

태국 똠양꿍

육수에 새우, 갖은 허브*(고수, 라임, 레몬그라스 등)와
양념(고추, 생강)을 넣고 액젓으로 간 맞춰.
버섯과 토마토를 넣어 조금 더 끓이다가 코코넛밀크*를 넣지~

* **허브** 예로부터 약이나 향료로 써 온 식물.
* **코코넛밀크** 코코넛 속에 들어 있는 달콤한 액체.

다양한 향신료로 진하게 맛을 낸 태국 음식

태국은 아주 더운 나라야. 오죽하면 태국에는 두 계절이 있는데 '더운 계절', '더 더운 계절'이라는 우스갯소리가 있을까. 하지만 이런 더운 날씨 덕에 곡식이나 맛있는 과일이 풍성하고, 일 년 내내 싱싱한 채소를 맛볼 수 있으니 덥다고 불평만 할 수는 없을 것 같아.

태국은 역사가 아주 오래된 나라야. 거의 대부분의 아시아 국가들이 식민 지배를 받을 때도 태국은 독립 국가를 유지했을 정도로 강하고 굳건했어. 그래서 음식을 비롯한 독특하고 고유한 문화를 잘 지키고 이어 올 수 있었어.

태국 음식은 눈물이 날 만큼 매운맛, 신맛, 단맛, 짠맛에 수백 가지 향신료의 자극적인 맛이 매력이야. 풍부한 해산물과 과일, 채소, 각종 소스를 이용해 만든 화려하고 풍성한 요리는 전 세계적으로 널리 알려져 있어. '카오팟'이라고 하는 볶음밥, 어린 파파야로 만든 샐러드 '쏨땀', 쌀국수를 볶은 '팟타이'가 대표적인 음식이지.

하지만 태국 음식 중 가장 유명한 건 중국의 '제비집수프', 프랑스의 해물 수프인 '부야베스'와 더불어 세계 3대 수프라고 일컬어지는 '똠양꿍'이야.

똠양꿍은 어떤 음식일까?

지금은 세계에서 가장 유명한 수프 중 하나로 손꼽히는 똠양꿍이지만, 원래는 집에서 먹다 남은 양념들을 섞어 끓인 것에서 유래했다고 해. 똠양꿍은 매운맛, 단맛, 신맛, 짠맛을 동시에 느낄 수 있는 요리로, 태국 음식의 특징을 한꺼번에 보여 주는 대표 음식이라고 할 수 있어. 새콤하고 매콤한 맛이 잘 어우러져서 입맛을 돋워 주지. 쌀밥과 함께 먹으면 든든한 한 끼 식사로 충분해.

똠양꿍은 새우, 버섯을 기본으로 각종 허브, 고추와 생강 같은 향신료를 넣고 5~6시간 동안 푹 끓여서 만들어. 여기에 코코넛밀크를 넣어 매운맛을 순하게 하기도 해.

태국 음식에 빠지지 않는 향신료 고수

태국 요리에는 허브와 향신료를 정말 많이 넣어. 그중에서도 빼놓을 수 없는 재료가 '고수'라는 허브야. 태국어로는 '팍치', 중국어로는 '샹차이', 영어로는 '코리앤더'라고 해. 고수는 기원전 5000년 전부터 먹었던, 역사가 아주 오래된 허브야. 지금도 태국, 베트남, 중국 같은 아시아는 물론이고 멕시코와 유럽에서도 즐겨 먹는데, 더운 지방에서 특히 많이 먹어. 고수에는 세균 번식을 막는 성분이 있어서 음식이 잘 상하지 않게 돕거든. 천연 방부제라고나 할까.

우리나라 사람들 중에는 고수를 좋아하는 사람이 그리 많지 않아. 고수 특유의 비릿한 냄새 때문인데, 이 향이 빈대 냄새랑 비슷하다고 해서 고수를 '빈대풀'이라고도 해. 빈대 냄새를 알고 싶으면 고수 냄새를 맡아 보면 되겠지.

★ 베트남
포

소고기에 파, 마늘 같은 향신료를 넣어 국물을 끓여.
소금과 액젓을 넣어 간 맞추고, 삶은 쌀국수에 국물을 부어.
그 위에 채 썬 소고기와 숙주, 양파를 올리지~

쌀 요리의 천국
베트남 음식

베트남은 쌀 요리의 천국이야. 쌀이 아주 풍족하거든. 사계절이 있는 우리나라와 달리 일 년 내내 더운 날씨라 쌀농사를 세 번에서 네 번까지 지을 수 있어. 쌀로 밥도 지어 먹고, 국수도 만들어 먹고, 얇은 피로 만들어 여러 가지 요리에 이용해. 오래전 프랑스의 식민지였던 영향으로 '반미'라는 바게트 빵을 즐겨 먹는데 이것 역시 쌀로 만들어. 베트남 말로 밥은 '껌'이라고 하는데, 껌에 고기 볶은 것, 채소, 국과 곁들이는 게 가장 일반적인 베트남 상차림이야. 하지만 밥보다 더 인기가 있는 건 역시 '포', 우리말로 하면 쌀국수야. 베트남 속담에 '자주 먹는 껌(밥)은 지겹고 가끔 먹는 포(국수)는 맛있다.'는 말이 있을 정도로 포는 베트남 사람들이 아주 좋아하는 음식이야. 베트남에서는 식당뿐 아니라 거리 상점에서도 포를 먹을 수 있어. 우리가 거리 상점에서 떡볶이를 사 먹는 것처럼 말이야.

포는 어떤 음식일까?

베트남에서 나는 쌀은 우리가 먹는 쌀과는 달리 찰기가 적어서 국수로 만들기에 좋아. 쌀을 곱게 빻아 반죽해서 면발을 만들지. 이걸 잘 말려 두었다가 그때그때 삶거나 불려서 요리에 이용해. 모양은 칼국수처럼 납작한 것부터 냉면 국수처럼 가느다란 것까지 다양해.

쫄깃하게 삶은 쌀국수에 소나 닭의 뼈를 우려내 만든 국물을 붓고 숙주, 양파, 라임, 고추, 고수 같은 채소를 듬뿍 얹으면 포 완성! 베트남 액젓인 '느억맘'과 고추 소스로 간을 맞춰. 시원하면서도 얼큰한 맛이 일품이야. 게다가 칼로리가 낮고 영양가는 높아서 전 세계 사람들에게 사랑받는 음식이 됐어.

포는 어떤 동물의 뼈와 고기로 국물을 만들었는지, 국수 위에 얹는 재료가 무엇인지에 따라 이름이 달라져. 소고기를 넣으면 '포보', 닭고기를 넣으면 '포가'라고 해.

아시아의 3대 요리

베트남의 역사는 한마디로 고난과 역경의 역사라고 할 수 있어. 천 년도 넘게 중국의 지배를 받았을 뿐만 아니라, 바로 그 뒤를 이어 100여 년이나 프랑스의 식민지였거든. 그러기에 베트남의 음식 문화는 이 나라들을 빼고 이야기할 수 없어.

젓가락을 사용하는 것이나 국수를 많이 먹는 것, 된장이나 두부, 쌀을 주식으로 하는 문화는 중국의 영향을 받은 것이고, 바게트나 소고기를 먹는 문화는 프랑스 식민 지배의 영향이야. 슬픈 역사지만 음식 문화가 발달했던 두 나라의 영향을 받아 베트남 음식이 더욱 풍성해진 건 사실이지. 오늘날 베트남 음식은 태국, 중국과 더불어 아시아의 3대 요리로 꼽힐 만큼 인정받고 있어.

인도
커리

페퍼, 심황, 생강, 마살라 같은 향신료를 넣고 볶다가 고기나 채소를 넣고 오래 끓여. 생크림이나 요구르트를 넣으면 부드러운 맛을 내지~

마살라로 맛을 내는
인도 음식

인도는 한마디로 표현할 수 없는 복잡한 나라야. 인종도 다양하고 언어도 다양하고 종교도 다양해. 1991년에 조사를 해 봤더니 인도에서 쓰고 있는 언어가 1600개도 넘더래. 정말 대단하지? 그러니 음식은 또 얼마나 다양하겠어. 지역에 따라 음식 문화에 큰 차이가 있는 건 어쩌면 아주 당연한 일이야.

하지만 이렇게 다양한 인도 음식도 '마살라'라고 하는 향신료로 단번에 설명할 수 있어. 여러 향신료를 섞어 놓은 양념을 마살라라고 하는데, 뭘 섞든 자유라 맛은 천차만별이지. 주식으로 먹는 빵이나 밥부터 시작해서 간식으로 먹는 음료수, 과자까지 마살라가 들어가지 않는 것은 하나도 없어. 인도 사람들은 마살라 없이는 못 산다고 해도 과언이 아니야.

또한 인도 사람들은 종교를 무척 중요하게 생각해. 국민의 80퍼센트는 힌두교를 믿는데, 힌두교에서는 소고기를 먹지 않아. 그렇기 때문에 소고기가 들어간 인도 음식

이 거의 없어. 소고기만 안 먹는 게 아니라 아예 육식을 하지 않는 사람들이 전체 국민의 30퍼센트나 된대.

커리는 **어떤 음식**일까?

마살라를 넣어서 만든 요리 가운데 가장 유명한 것이 바로 커리야. 커리를 만드는 사람마다 넣는 향신료가 다 다르기 때문에 딱 하나로 정할 수는 없지만, 노란색을 내는 강황이나 매운맛을 내는 고추가 많이 들어가는 편이야. 그리고 계피, 겨자씨, 후추, 정향, 카다몸, 육두구 같은 여러 종류의 향신료가 들어가서 향기로우면서도 자극적인 맛을 내지.

향신료는 귀한 음식 재료이자 약으로도 사랑받아. 요리의 향을 더할 뿐 아니라, 소독 효과가 있어서 음식을 오래 보관할 수 있게 하고 소화를 돕지. 인도는 아주 덥고 습하기 때문에 온갖 전염병이 퍼지기 쉬운데, 이런 다양한 향신료가 병을 예방하고 치료하는 데 큰 도움이 돼.

커리는 **손**으로 먹어야 **제맛**

인도 사람들은 커리를 먹을 때 숟가락이나 포크를 쓰지 않아. 밥을 먹기 전에 손을 깨끗하게 씻고 오른손으로 커리를 덜어 밥에 비벼 먹거나 둥글넓적한 빵을 찍어 먹어. 더럽지 않냐고? 인도 사람들 생각은 조금 달라. 남이 썼을지도 모르는 숟가락이나 포크보다 손이 훨씬 깨끗하다고 생각해. 다만 왼손으로는 절대 음식을 먹지 않아. 왼손은 화장실에서 뒤처리를 할 때 쓰는 손이라고 여기거든.

터키

케밥

고기를 향신료로 양념해.
긴 꼬챙이에 꿰어서 불에 굽기도 하고,
층층이 쌓아 불에 돌려 가며 익혀 겉에서부터 잘라 먹기도 하지~

세계 3대 요리로 꼽히는 터키 음식

터키는 아시아와 유럽의 사이에 위치해 있어. 그래서 옛날부터 '동서양을 잇는 다리'라고 불렸어. 천 년이 넘는 시간 동안 20여 개의 나라들이 세워지고 각 민족마다 화려한 문명을 꽃피우면서 아주 다양한 문화를 형성했지. 터키인들은 그 다양함을 바탕으로 자신들만의 문화를 만들어 냈어. 몽골 유목민의 음식 문화, 서남아시아의 농경 문화, 비잔틴 제국과 오스만 제국에서 발달한 궁정 요리의 영향을 골고루 받은 터키의 음식 문화는 아주 화려하고 독창적이야. 우리에게는 아직 많이 알려져 있지 않지만 중국, 프랑스 요리와 함께 세계 3대 요리로 손꼽히는 게 바로 터키 요리란다.

터키 사람들은 달콤한 디저트를 아주 좋아해서 과자나 사탕, 초콜릿의 종류도 무척 다양해. 그리고 커피와 '차이'도 아주 유명해. 터키 커피는 독특한 모양의 커피 주전자에 커피 가루와 설탕을 함께 넣어 끓여서 맛과 향이 아주 진해. 차이는 터키의 홍차를 이르는 말인데, 터키 사람들은 보통 하루에 여섯 잔 이상 차이를 마셔.

케밥은 어떤 음식일까?

가장 유명한 터키 음식은 고기구이 요리인 '케밥'이야. 케밥의 뜻은 '꼬챙이에 끼워 불에 구운 고기'인데, 재료와 만드는 방식, 먹는 방법에 따라 종류가 수백 가지가 넘어. 긴 쇠꼬챙이에 둥글넓적한 모양의 고기를 층층이 끼워 숯불 위에서 돌려 가며 굽는 케밥을 비롯해서 꼬챙이에 재료를 꿰어 굽기도 하고, 고기를 곱게 다져 동그랗게 완자로 만들어서 굽기도 하지. 주로 소고기나 양고기를 많이 먹지만 닭고기

나 생선으로 만들기도 해. 하지만 돼지고기로 만든 케밥은 찾아보기 어려워. 터키 사람들 대부분이 이슬람교를 믿는데, 이슬람교에서는 돼지고기를 먹지 않거든.

넓은 땅을 누비며 살았던 터키의 유목민 조상들은 빨리 먹고 빨리 다른 곳으로 이동해야 했기 때문에 빠르고 쉬운 요리법이 필요했어. 케밥은 바로 그런 과정에서 태어났어. 오늘날의 햄버거처럼 케밥은 아주 오래전부터 사랑받은 원조 패스트푸드라고 할 수 있지.

피자의 원조가 된 피데

피데는 화덕에서 굽는 터키의 전통 빵이야. 터키 사람들은 이 빵과 '에크멕'이라는 빵을 날마다 밥으로 먹어. 피데는 생김이나 만드는 방법이 피자랑 아주 비슷해. 소금만 넣은 밀가루 반죽을 납작한 모양으로 빚어 터키의 전통 화덕에서 구워. 얇은 빵이라서 다양한 케밥을 싸서 먹기 제격이지.

이탈리아
피자

밀가루에 물, 소금, 설탕, 올리브오일, 이스트를 넣고 반죽해서 발효시켜. 반죽을 얇고 둥글게 편 뒤에 토마토 소스를 바르고 치즈와 토마토를 얹어. 오븐에 구운 뒤 바질을 뿌리지~

오랜 역사를 간직한 이탈리아 음식

이탈리아는 아주 오래된 역사를 간직한 나라야. 화려했던 고대 로마 제국의 유적이 고스란히 남아 있어서 어디를 가나 아름다운 건축물과 박물관이 즐비하지. 하지만 이탈리아를 더 유명하게 만든 건 따로 있어. 전 세계 어린이들의 사랑을 한 몸에 받는 음식, 막 구워 낸 맛있는 피자야말로 이탈리아를 상징하는 국가 대표라 할 만해.

피자는 고대 그리스 사람들이 먹던 동그랗고 납작한 빵 '피타'에서 유래했어. 과거 그리스의 지배를 받았던 이탈리아 남부 나폴리 사람들이, 그리스 사람들이 먹던 '피타'라는 빵 위에 각종 재료를 올려서 화덕에 구워 먹던 것에서 피자가 시작되었지.

피자는 어떤 음식일까?

지금 우리가 흔히 먹는 피자는 사실 이탈리아식 피자가 아니야. 19세기 후반, 많은 이탈리아 사람들이 미국이나 호주로 옮겨 가 살면서 피자를 만들어 팔기 시작했어. 점차 현지 사람들 입맛에 맞게 좀 더 두꺼운 빵에 재료를 푸짐하게 얹으면서 지금 우리가 흔히 먹는 미국식 피자가 되었지. 싼값에 배부르게 먹을 수 있는 미국식 피자가 전 세계로 퍼지면서 오히려 본고장 이탈리아 피자보다 더 유명해진 거야.

그러고 보면 피자는 세계 어디에서나 자기네 음식 문화에 맞는 새로운 피자로 만들어 낼 수 있어. 반죽 위에 좋아하는 재료와 소스를 얹고 치즈를 뿌려 굽기만 하면 되니까. 우리 전통 음식인 불고기와 김치를 얹어 만든 '불고기 피자'나 '김치 피자'처럼 말이야.

하지만 정통 '나폴리 피자'는 아주 까다로운 규칙을 지켜서 만들어야 해. 반죽은 반드시 손으로 해야 하고, 둥근 모양에 두께는 2센티미터가 넘어서는 안 돼. 위에 얹는 재료는 토마토 소스와 치즈만 사용해야 하고, 반드시 나무 화덕에 구워야 하는데 온도는 485도, 굽는 시간은 1분 20초로 정해져 있어. 이걸 지키지 않으면 나폴리 피자라는 이름을 붙일 수 없대. 자기들만의 전통을 지키려는 이탈리아 사람들의 열정이 대단하지?

애국심이 담긴 마르게리타 피자

1889년 어느 날, 피자로 유명한 이탈리아 나폴리에 마르게리타라는 왕비가 방문했어. 당시 나폴리에는 유명한 피자 요리사가 있었는데, 그는 왕비를 위해 아주 특별한 피자를 만들었어. 초록색 바질, 하얀색 모차렐라 치즈, 빨간색 토마토로 이탈리아의 국기를 표현했어. 왕비의 이름을 따서 '마르게리타'로 이름 붙였지. 담백하고 쫄깃한 맛의 마르게리타는 이탈리아를 상징하는 대표 피자가 되었어.

🇫🇷 프랑스
바게트

밀가루에 소금, 물, 이스트를 넣고 반죽한 뒤 발효시켜, 길쭉한 지팡이 모양으로 만든 뒤 길고 비스듬한 칼집을 넣어, 200도로 예열한 오븐에 넣어 굽지~

세계 최고의 요리라 칭송받는 프랑스 음식

프랑스는 고급스럽고 맛있는 음식으로 아주 유명한 나라야. 농업과 목축업이 발달해서 먹을거리가 풍성한 데다 화려했던 궁중 음식의 전통을 잘 이어받아서 요리로는 세계 최고라는 자부심을 갖고 있지. 프랑스 음식 중에는 중국 못지않게 진기한 재료로 만든 것이 많은데, 대표적으로 거위 간 요리인 '푸아그라', 달팽이 요리인 '에스카르고' 같은 것들이야. 하지만 이런 음식은 프랑스에서도 아주 귀해서 크리스마스나 명절 같은 특별한 날에만 먹을 수 있어.

바게트는 어떤 음식일까?

우리가 날마다 밥을 먹는 것처럼 프랑스 사람들은 날마다 빵을 먹어. 우리가 흔히 먹는 빵에는 설탕이나 버터, 우유가 많이 들어 있지만 프랑스 사람들이 먹는 빵은 밀가루, 소금, 효모(이스트)만으로 만드는 것이 많아. 날마다 밥으로 먹는 빵이니까 담백하고 열량도 낮아야 하기 때문이지. 프랑스에는 무려 3만 5천 곳이 넘는 빵집이 있고 빵의 종류만 해도 70가지가 넘는데 그중에서도 가장 사랑받는 빵이 바로 바게트야.

바게트는 '지팡이'라는 뜻인데 이름에 걸맞게 길쭉하게 생겼어. 굽기 전에 반죽 표면에 길게 칼집을 넣는데, 이렇게 하면 빵 모양도 좋아질 뿐만 아니라 맛도 더 좋아진대.

프랑스에서는 해마다 가장 맛있게 바게트를 만드는 빵집에 상을 줘. 동네마다 실력 있는 빵집들이 있어서 어디서나 갓 구운 맛있는 바게트를 먹을 수 있지.

바게트의 기원인 평등빵

드디어 나왔다, 바게트의 비밀! 바게트는 프랑스 사람들에게 그냥 단순한 음식이 아니라 프랑스를 상징하는 문화라고 할 수 있어. 아주 오래전 프랑스 사회가 귀족과 평민으로 나뉘어 있었을 때, 평민들은 먹는 것에서조차 심한 차별을 받았어. 부드러운 흰 빵은 오직 귀족만 먹을 수 있었고, 평민들은 아주 딱딱한 검은 빵만 먹어야 했지. 거친 밀가루로 만든 검은 빵은 너무 딱딱해서 도끼로 잘라 먹어야 할 정도였대. 만약 평민이 몰래 흰 빵을 먹다가 걸리면 감옥에 갇혔다고 하니까 얼마나 차별이 심했는지 상상이 가니? 결국 참다못한 평민들이 신분제 없는 평등한 사회를 만들자고 혁명을 일으켰는데, 그때 가장 먼저 한 일이 평등빵을 만들게 한 거야. '모든 빵집에서는 빵을 만들 때 길이는 80센티, 무게는 300그램으로 만들어야 한다.'는 법을 만들었는데, 그 빵이 바로 지금의 바게트가 된 거야.

소박한 문화를 가진 독일 음식

같은 유럽이지만 독일은 프랑스나 이탈리아와는 전혀 다른 음식 문화를 가지고 있어. 프랑스나 이탈리아는 비싼 재료로 만든 음식을 세 번, 네 번에 걸쳐 차례대로 맛보는 코스 요리가 발달했지. 반면 독일 음식은 간단한 재료를 소박하게 요리한 것들이 대부분이야. 독일은 아주 큰 전쟁을 두 번이나 겪으면서 힘들고 어려운 시절을 보냈기 때문에 검소와 절약이 생활화되어 있어. 독일 사람들은 감자, 빵, 햄이나 소시지, 사우어크라우트* 등을 한 접시에 담아 남김없이 깨끗하게 먹는 걸 좋아해. 음식을 남기지 않고 설거지거리도 조금밖에 안 만드는 독일의 음식 문화는 우리도 본받아야 할 것 같아.

*사우어크라우트 양배추로 담근 절임.

소시지는 어떤 음식일까?

소박한 독일 사람들도 정말 다양하고 푸짐하게 즐기는 게 있는데, 바로 소시지야. 독일에는 '사람은 빵만으로 살 수 없다. 반드시 햄이나 소시지가 있어야 한다.'는 속담이 있을 정도로 소시지는 독일 사람들에게 중요한 음식이야. 각 지방마다 저마다 색다른 맛을 자랑하는 소시지가 있는데, 그 종류가 무려 1500가지도 넘어. 그래서 독일에서는 옛날부터 돼지를 능숙하게 잘 잡고 다루는 사람들이 존경을 받

앉어. 심지어 나라에서 상을 받기도 했지. 옛날 우리나라에서 고기 다루는 사람들을 백정이라고 부르면서 천하게 여겼던 것과는 큰 차이가 있지? 이런 문화는 독일이 훌륭한 소시지를 만드는 밑바탕이 됐어.

옛날 독일에서는 집집마다 햄과 소시지를 만들어 먹었대. 물론 지금은 사 먹는 집이 훨씬 많지만 말이야. 추운 겨울이 오기 전에 자기가 키우던 돼지를 잡았어. 다리는 소금에 절여 부엌에 매달아 나무를 태우는 연기를 쐬면서 건조를 시켜 햄을 만들었어. 그리고 나머지 고기들은 잘게 다진 다음 소금과 양념을 넣어 깨끗이 씻은 창자에 담아 소시지를 만들었지. 이렇게 하면 고기를 오래오래 두고 먹을 수 있었거든.

독일 사람에게 빵만큼이나 중요한 맥주

독일 사람들에게 맥주는 술이라기보다 '액체로 된 빵'이라고 부를 정도로 중요한 음식이야. 독일에는 각 지역의 개성이 살아 있는 맥주가 무려 5000 종류 이상 생산되고 있다고 해. 1500개가 넘는 소시지와 5000종이나 되는 맥주라니, 365일 다른 맥주, 다른 소시지를 먹어도 모든 종류를 다 먹어 보려면 몇 년은 걸릴 거야.

독일 뮌헨에서는 매년 9월에서 10월에 맥주와 소시지를 즐기는 축제 '옥토버페스트'가 열려. 독일 사람들은 물론이고, 전 세계에서 700만 명이 넘는 사람들이 모여들 정도로 아주 유명한 축제야.

스페인 파에야

프라이팬에 올리브오일을 넣고 마늘을 볶다가 해물을 넣어 익혀. 씻은 쌀을 넣고 볶다가 육수, 샤프란*, 토마토 소스를 넣고 물이 없어질 때까지 볶아 뜸을 들이지~

*샤프란 적은 양으로도 황금색과 독특한 향을 내는 향신료.

많은 나라에 영향을 준 스페인 음식

스페인은 한때 전 세계 곳곳에 식민지를 가지고 있었을 정도로 강력한 힘을 가진 나라였어. 아메리카 대륙을 발견한 콜럼버스를 후원한 사람이 스페인의 이사벨 여왕이었단다. 스페인어가 중국어와 영어에 이어 전 세계에서 가장 많이 사용되는 언어라는 점만 봐도 스페인의 영향력이 어느 정도였는지 쉽게 짐작할 수 있을 거야. 과거 스페인의 식민지였던 라틴아메리카*를 비롯한 수많은 나라들은 스페인 음식 문화의 영향을 아주 많이 받았어. 스페인은 유럽에 있는 국가지만 다른 유럽 국가들과 구별되는 독특한 문화를 많이 가지고 있지.

스페인은 다른 유럽 국가와 달리 면보다는 밥을 많이 먹어. 유럽에서 쌀 소비량이 가장 높고, 얼큰한 맛을 좋아해서 고추와 마늘도 많이 먹는 편이야. 농업이 발달해서 온갖 식재료가 풍부하고, 바다를 끼고 있어서 해산물 요리가 발달했어. 전 세계 올리브오일 생산량의 44퍼센트가 스페인에서 생산될 정도로 올리브나무가 많고, 뜨거운 햇빛에서 자란 포도로 만드는 스페인 포도주는 맛이 아주 좋아.

*라틴아메리카 과거 라틴 민족의 지배를 받았던 지역을 이르는 말. 가장 북쪽의 멕시코부터 가장 남쪽의 칠레까지 중남미의 나라들이 속해 있어, 중남미라고도 한다.

파에야는 어떤 음식일까?

먹을거리가 풍부한 스페인에서도 가장 대표적인 음식을 꼽자면 스페인식 볶음밥인 '파에야'야. 파에야는 이탈리아의 리조또와 함께 유럽 사람들이 가장 즐겨 먹는 대표적인 쌀 요리야. 옛날에 농사를 짓던 사람들이 들에서 장작불을 피우고 큰 팬에 고기와 채소를 쌀과 함께 볶아 먹던 것에서 유래가 됐다고 해.

파에야는 스페인 가정에서 가장 즐겨 먹는 요리일 뿐만 아니라, 축제가 벌어지면 아주 커다란 팬에 많은 양을 만들어서 함께 나누어 먹는 스페인의 대표 요리야. 재미있는 건 파에야를 만들 때 쓰는, 손잡이가 달린 납작하고 둥근 커다란 프라이팬 이름도 파에야라는 거야.

하루 다섯 끼를 먹는 스페인 사람들

스페인 사람들은 하루에 식사를 다섯 번 하는 것으로 유명해.

① 첫 번째 식사
: 데사유노
(일어나자마자 빵 한 조각에 커피나 우유)

② 두 번째 식사
: 메리엔다 메디아 마냐나
(오전 11시쯤 샌드위치 같은 가벼운 음식)

③ 세 번째 식사
: 알무에르소
(오후 2시쯤 두세 시간에 걸쳐 정식 코스로 먹는 가장 중요한 식사)

④ 네 번째 식사
: 메리엔다
(오후 6시쯤 가볍게 간식으로)

⑤ 다섯 번째 식사
: 세나
(오후 9시쯤 수프나 샐러드로 가볍게)

🇺🇸 미국
햄버거

동그란 빵을 반으로 갈라서 버터를 살짝 발라, 고기나 치즈, 채소 등 좋아하는 재료를 차곡차곡 쌓은 다음 소스를 뿌리고 다시 빵으로 덮지~

다양한 음식 문화가 합쳐진 미국 음식

역사가 긴 것도 아니고 인구가 가장 많은 것도 아니고 땅이 가장 큰 것도 아니지만, 누가 뭐래도 지구상에서 가장 유명한 나라는 미국이야. 아메리카 대륙에는 원래 인디언들이 살고 있었지만 200여 년 전 유럽에 살고 있던 백인들이 와서 미국이라는 나라를 세웠어. 미국은 한마디로 이민자들의 나라야. 여러 나라 사람들이 미국에서 살기 위해 이민을 왔고 이 사람들이 저마다 자신들의 고향 음식을 소개하고 또 새롭게 발전시키면서 지금의 음식 문화가 만들어졌어. 놀랄 만큼 다양한 음식 문화가 한자리에 모여 있지.

햄버거는 어떤 음식일까?

지금으로부터 800년 전쯤부터 햄버거를 먹었다는 걸 알고 있니? 물론 지금 같은 모양새는 아니야. 유럽을 두려움에 떨게 했던 몽골계 기마 민족인 타타르족은 언제나 말을 타고 다녔기 때문에 빠르고 간편하게 먹을 수 있는 음식을 좋아했어. 그래서 평소에 날고기를 말 안장 밑에 깔고 다니다가 배가 고프면 고기를 꺼내 먹었지. 말을 타는 동안 안장 밑에서 부드러워진 날고기를 잘게 잘라서 소금과 파 같은 양념을 넣고 먹었어. 유럽 사람들은 이걸 '타타르 사람들이 먹는 스테이크'라고 해서 '타르타르 스테이크'라고 불렀어. 이 타르타르 스테이크는 독일 함부르크로 전해져서 인기를 끌었는데, 날고기에 익숙하지 않은 독일 사람들은 입맛에 맞게 불에 구워 먹었어. 그러면서 이름도 '함부르크 스테이크'가 된 거야. 함부르크 스테이크는 독일 사람들이 미국으로 이민을 오면서 함께 미국으로 들어왔어. '햄버그'는 '함부르크'의 영어식 발음이지.

그 뒤 1904년에 미국에서 열린 박람회에서 어떤 상인이 햄버그 스테이크를 빵 사이에 끼워 팔기 시작하면서 지금의 햄버거가 탄생한 거야. 햄버거는 먹기 간편하고 맛도 좋은 데다 값도 그리 비싸지 않아서 나오자마자 사람들에게 폭발적인 인기를 끌었어. 그리고 정해진 규격의 햄버거를 만들어 파는 체인점이 성공하면서 햄버거는 전 세계로 퍼져 나가게 됐지.

스테이크가 약이라고?

1880년대, 영국의 의사 솔즈베리 박사는 빈혈이나 신경통이 있는 환자들에게 하루 세 끼 뜨거운 물과 함께 함부르크 스테이크를 먹으라고 권했대. 날마다 맛있는 음식을 먹으면서 병도 고칠 수 있다니 사람들이 참 좋아했을 것 같아. 그래서 함부르크 스테이크는 '솔즈베리 스테이크'라고 불리기도 했대. 맛있는 음식이 병을 치료하는 약으로 쓰이기도 했다는 게 신기하지 않니?

멕시코
타코

얇게 펼쳐 구운 토르티야 위에 구운 고기, 양파, 토마토, 고추, 고수를 듬뿍 넣고 반으로 접어. 살사 소스, 핫 소스도 뿌려 먹지~

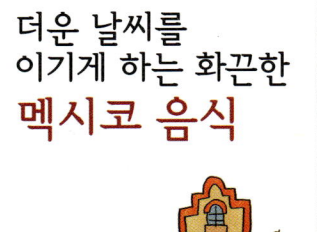

더운 날씨를 이기게 하는 화끈한 멕시코 음식

세계의 역사를 살펴보면 한때 화려하고 뛰어난 문화를 꽃피웠지만 지금은 과거의 명성에 비해 여러 가지로 아쉬운 나라들이 있어. 멕시코도 그런 나라 가운데 하나야. 중앙아메리카*에서 가장 먼저 문자와 달력을 사용한 '올멕 문명', 천문학과 수학이 고도로 발달했던 '마야 문명', 엄격한 군사 문화가 발달했던 '톨텍 문명', 잘 조직된 계급 체계와 행정 조직을 가지고 있던 '아즈텍 문명'까지 현대의 잣대로 살펴봐도 전혀 뒤떨어지지 않는 눈부신 문명을 자랑했어. 지금도 멕시코 곳곳에는 그 찬란했던 문명의 흔적들이 많이 남아 있지. 하지만 오랫동안 스페인의 식민 지배를 받으면서 멕시코만의 전통적인 문화는 점차 사라져 갔고 서구 문명이 급속도로 들어오기 시작했어. 하지만 그렇다고 멕시코 고유의 문화가 없는 건 아니야. 멕시코 사람들은 축구를 좋아하고 음악과 춤을 사랑하는 유쾌한 문화를 가지고 있어. 흥과 멋을 아는 민족이라고 할 수 있지.

*중앙아메리카 남·북아메리카 대륙을 연결하는 지대. 과테말라, 온두라스, 엘살바도르 등이 속해 있다.

타코는 어떤 음식일까?

멕시코에는 멕시코 어디에서나 잘 자라는 옥수수와 선인장을 재료로 이용한 요리들이 많은데, 더운 날씨를 이겨 낼 수 있는 자극적인 맛이 특징이야. 그중 가장 널리 알려지고 많이 먹는 음식이 타코야. 타코는 옥수수 가루나 밀가루 반죽을 팬에 구워 만든 토르티야에 고기와 채소를 싸 먹는 요리를 말해. 멕시코 사람들은 우리가 밥을 먹듯 흔히 타코를 먹어. 타코 요리는 싸 먹는 방법과 재료에 따라 수십 가지 종류가 있어. 살짝 구운 토르티야를 펼쳐 놓고 잘 볶은 고기, 잘게 썬 양파와 양상

추를 얹고 좋아하는 소스를 뿌린 다음 돌돌 말아서 먹으면 돼.

멕시코가 **기원**인 작물

옥수수와 고추는 멕시코에서 전 세계로 전해진 농작물이야. 옥수수는 멕시코 사람들이 무려 기원전 7000년경부터 길러 먹기 시작했대. 마야 신화에 따르면 신이 옥수수 가루로 인간을 만들었다고 해.

멕시코에는 엄청나게 많은 종류의 고추가 있는데, 종류가 200가지도 넘어. 특히 칠리 고추는 먹다가 죽은 사람이 있다는 이야기가 있을 정도로 매운 걸로 유명해. 멕시코의 매운 고추로 만든 타바스코 소스, 핫 소스, 살사 소스는 전 세계로 널리 퍼져서 사랑을 받고 있어.

별별 나라 별별 음식

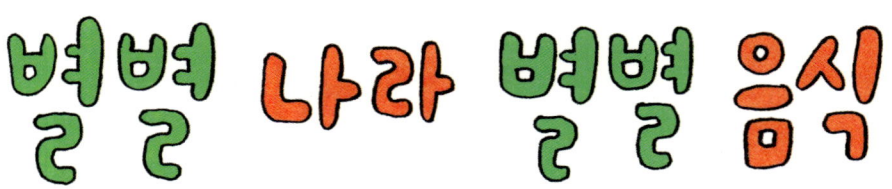

모든 나라의 대표 음식을 소개할 수 없는 게 아쉽네. 몇몇 나라의 대표 음식을 더 소개해 줄게.

호주 - 캥거루 스테이크
호주가 캥거루와 코알라의 나라인 건 알지? 호주에는 소도 많지만 캥거루도 참 많아. 좀 질기고 독특한 냄새도 나지만 기름기가 적어서 몸에는 더 좋다나 뭐라나.

그리스 - 수블라키
양념을 한 고기를 꼬챙이에 꿰어 구운 요리야. 담백한 빵 피타랑 새콤한 요구르트로 만든 차지키 소스에 콕 찍어 먹으면 한 끼 식사로 딱이지. 신선한 올리브오일로 맛을 낸 채소 샐러드를 곁들이는 것도 잊지 마.

러시아 - 보르스치
감자, 당근, 양파, 양배추 같은 채소와 고기를 넣고 끓인 수프야. 우리가 된장국을 먹듯, 러시아 사람들이 가장 즐겨 먹는 음식이야. 토마토와 비트를 넣어서 붉은색이 나.

브라질 - 페이조아다
콩과 고기를 넣고 푹 끓여서 만든 걸쭉한 국물 요리야. 옛날에 브라질로 잡혀 온 흑인 노예들이 백인들이 버린 돼지의 귀나 발, 꼬리를 주워다 콩이랑 같이 끓여 먹은 음식이야. 지금은 영양식으로 인기가 아주 높아.

스위스 - 퐁뒤
긴 꼬챙이에 빵이나 고기 같은 음식을 끼운 다음 녹인 치즈나 소스에 찍어 먹는 요리야. 스위스에는 맛있는 치즈가 많아서 퐁뒤 종류도 아주 다양해. 퐁뒤를 먹다가 여자가 냄비에 음식을 떨어뜨리면 오른쪽 남자에게 키스를 해 주고, 남자가 음식을 떨어뜨리면 와인을 사는 풍습이 있대.

이집트 - 쿠샤리
익힌 콩이나 밥, 마카로니, 스파게티 위에 튀긴 양파랑 토마토 소스를 부어서 먹는 이집트 비빔밥이라고 할 수 있어. 언제 어디서나 싼값에 먹을 수 있는 이집트 대표 길거리 음식이기도 해.

필리핀 - 아도보

돼지고기나 닭고기로 만드는 고기 조림이야. 어떤 고기로 만드느냐에 따라 이름이 달라져. 외국인들이 뽑은 가장 맛있는 필리핀 음식이 바로 아도보야. 간장과 식초, 설탕으로 양념을 하기 때문에 부드러우면서도 새콤달콤한 맛이 일품이야.

영국 - 피시 앤 칩스

영국 음식은 생각보다 소박한 편이야. 가장 유명한 음식은 기름에 튀긴 생선과 감자! 단순하고 평범해 보이지만 영국 사람들이 가장 좋아하고 자주 먹는 음식이야.

요르단 - 만사프

밥 위에 삶은 양고기, 땅콩을 수북하게 담고 뜨거운 요구르트를 부어서 먹는 국물 요리야. 요르단 사람들은 손으로 밥이랑 소스를 버무려서 먹어.

남아프리카공화국 - 빌통

두툼한 생고기에 소금과 향신료를 뿌린 다음 말린 음식이야. 우리나라 육포와 비슷한 맛인데, 고기 종류나 뿌리는 양념, 말리는 정도에 따라 맛이 달라져.

케냐 - 우갈리

옥수수 가루에 뜨거운 물을 넣어서 떡처럼 될 때까지 계속 저어서 만들어. 케냐뿐 아니라 동아프리카 지역에서 두루 먹는 음식이야. 우리나라 백설기랑 비슷한 맛이지.

아르헨티나 - 아사도

아르헨티나는 소고기 맛이 좋기로 유명해. 아사도는 소고기의 여러 부위와 내장 들을 은은한 숯불에 한 시간 이상 천천히 구워서 먹는 음식이야. 소금으로만 간을 하는데도 맛이 아주 좋아.

알제리 - 쿠스쿠스

'세상에서 가장 작은 파스타'로 불리는 작은 밀 알갱이 쿠스쿠스로 만드는 요리야. 쿠스쿠스를 익힌 뒤 각종 채소, 고기와 볶아. 프랑스와 서아프리카 지역에서도 즐겨 먹어.

시간도 재료가 되는
발효 음식

● 우리나라의 발효 음식 ● 세계의 발효 음식

인류가 만든 가장 위대한 발명품, 발효. 곰팡이, 효모 같은 미생물들이 발효를 거쳐 맛을 바꾸고 몸에 좋은 성분을 만들어 내는 과정은 한 편의 드라마!

문화와 전통을 잇는
명절 음식

● 우리나라의 명절 음식 ● 세계의 명절 음식

국가나 사회 전체가 기념하며 지내는 명절. 그 명절을 기리며 먹는 음식에는 마음이 담기고 뜻이 새겨져, 배와 가슴과 머리를 함께 채우지.

역사와 재미가 보이는
면 요리

● 우리나라의 면 요리 ● 세계의 면 요리

국수로 대표되는 면 요리. 그 역사가 무려 기원전 5000년부터 시작해. 밥, 빵과 함께 밥상의 주식으로 인류의 배를 채워 왔지!

별별 나라의 특별한 음식

기후와 환경이 만든
계절 음식

● 우리나라의 계절 음식 ● 세계의 계절 음식

추위, 더위, 습기 등의 환경에 적응하기 위해 끊임없이 싸워 온 인류의 역사. 그 빛나는 싸움의 결과물인 바로 이 음식들!

아이들의 입맛이 담긴
간식

● 우리나라의 간식 ● 세계의 간식

학교 끝나고 집에 가는 길에 먹는 꿀맛 같은 떡꼬치. 프랑스, 터키, 인도 같은 나라의 애들은 이럴 때 무얼 먹지? 우리보다 맛있는 거 먹는 거 아냐?

차이를 인정하게 되는
특이한 음식

● 우리나라의 특이한 음식 ● 세계의 특이한 음식

특이하다는 것은 어디까지나 다른 문화에 속한 사람들의 평가일 뿐. 편견 없이 다른 문화에 다가가는 사람만이 새로운 문화와 만날 수 있지.

우리나라의 발효 음식

우리나라 음식은 저장 음식과 발효 음식을 기본으로 발전했어. 간장, 된장, 고추장 같은 장류와 김치, 젓갈, 식초, 술 등이 모두 발효 식품이야. '곰삭은 맛'이라고 표현할 수 있는 발효 음식의 깊은 맛은 짠맛, 단맛, 신맛, 쓴맛, 매운맛과 어우러져 독특한 우리 음식의 맛을 만들어 냈어.

무려 천 년 전에 쓰인 역사책 《삼국사기》에 장과 메주에 대한 기록이 나올 뿐 아니라, 중국의 유명한 역사책인 《삼국지 위지 동이전》에 보면 고구려 사람들은 발효 음식을 잘 만들었다는 기록이 있어. 우리 민족이 얼마나 오래전부터 발효 음식을 만들어 먹었는지 잘 알 수 있겠지?

● **된장, 간장**

양념 가운데 가장 기본적인 양념이 바로 짠맛을 내는 소금이야. 하지만 소금을 많이 먹으면 몸에 좋지 않아. 그래서 지혜로운 우리 조상들은 소금보다 더 짠맛을 내지만 몸에 좋은 성분이 많이 들어 있는 간장을 담가 소금 대신 사용했어.

간장을 만들려면 아주 긴 시간과 정성이 필요해. 가을에 콩을 삶아서 절구에 빻아 메주를 만든 다음 볏짚으로 묶어서 겨우내 따뜻한 아랫목에 묻어 두어야 해. 볏짚에 있는 바실루스 균이 콩을 발효시키지. 봄이 되면 메주를 장독에 넣고 소금물을 부어 다시 두 달 가까이 숙성시켜. 여기서 메주를 걸러 내고 남은 것이 간장이고, 걸러 낸 메주를 잘 치대면 된장이 되는 거야.

　간장은 다시 약한 불에서 한두 시간 달여 식힌 뒤 독에 넣어 몇 개월 동안 숙성시켜야 비로소 깊은 맛을 내는 간장이 돼. 된장 역시 깨끗한 항아리에 꼭꼭 눌러 담고 다시 6개월 이상 숙성을 시켜야 해.

　세상에 이렇게 많은 시간과 정성을 들이는 양념이 또 있을까. 예로부터 그 집 음식 맛은 장맛이 결정한다는 말이 있어. 간장과 된장은 국이나 찌개는 물론, 나물 무침이나 조림 등 대부분의 음식에 기본양념으로 들어가기 때문이야. 이렇게 오랜 시간과 정성으로 발효된 양념으로 만든 우리 음식은 겉은 소박하고 담백해 보여도 먹을수록 깊고 은은한 맛을 느낄 수가 있어.

● 고추장

만드는 방법이나 맛이 조금씩 다르기는 해도 된장이나 간장은 일본이나 중국에서도 흔히 담가 먹는 발효 식품이야. 하지만 고추장은 우리나라에만 있는 우리 고유의 장이지.

우리나라에 고추가 처음 들어온 건 16세기 즈음이야. 생각보다 오래되지 않았지? 하지만 전부터 매운맛을 좋아하던 우리나라 사람들은 매콤한 고추의 매력에 푹 빠졌어. 그때까지는 하얗게 담가 먹던 김치도 빨간 고춧가루를 넣어 맛과 영양을 더하고, 메줏가루, 쌀가루에 고춧가루를 넣어 발효시킨 고추장을 만들어 온갖 맛있는 음식을 만들어 먹었어.

우리가 좋아하는 매운 떡볶이, 매콤 달콤 새콤한 비빔국수, 얼큰하면서도 시원한 고추장찌개 같은 음식은 고추장이 없으면 만들 수 없는 음식이야. 고추장이 없는 우리 밥상은 상상하기 힘들 정도지.

지금은 외국의 유명한 요리사들도 구수하면서도 매콤한 고추장에 큰 관심을 가지기 시작했어. 세계 어디에 내놔도 맛과 영양에서 뒤지지 않는 멋진 소스라면서 말이야.

●청국장

청국장은 된장과 비슷해 보이지만 만드는 방법도 맛도 완전히 달라. 처음에는 발냄새처럼 퀴퀴하고 고릿고릿한 냄새 때문에 코를 움켜쥘지도 모르지만 한두 번 먹어서 익숙해지면 그 독특한 맛과 향에 푹 빠지고 말지.

된장을 제대로 만들려면 1년 가까이 걸리지만, 청국장은 2~3일이면 만들어 먹을 수 있고 영양과 맛은 더 뛰어나. 암 같은 병을 예방하는 효능도 있고, 아무리 많이 먹어도 살이 찌지 않지. 청국장이야말로 콩을 가장 완벽하게 먹을 수 있는 식품이라고 할 수 있어.

● 김치

우리나라를 대표하는 음식이자 전 세계 발효 음식을 대표한다고 해도 손색이 없을 만큼 뛰어난 김치! 지금은 추운 겨울에도 채소를 기를 수 있지만 옛날에는 미리미리 준비를 해 두지 않으면 겨우내 채소를 먹을 수 없었어. 고기만 먹으면 안 되느냐고? 옛날에는 지금보다 고기가 훨씬 귀했기 때문에 쉽게 먹지 못했어. 또 채소를 통해 비타민을 먹지 않으면 우리 몸에 큰 병이 생길 수도 있기 때문에 채소를 먹는 건 아주 중요했지.

우리 조상들은 추운 겨울철에도 몸에 좋은 채소를 맛있게 먹기 위해 김치를 만들었어. 오래전부터 집집마다 김치를 담가 먹었지. 지역에 따라 재료와 담그는 방법이 다른데, 200가지도 넘는 김치가 있어.

김치는 동물성 재료와 식물성 재료가 완벽하게 조화를 이룬 발효 식품이야. 배추, 무, 마늘, 고추 같은 식물성 재료와 새우젓, 멸치젓 같은 동물성 재료가 같이 어우러져 발효가 되면서 한층 깊은 맛을 내고 몸에 좋은 성분도 더 많아지거든.

잘 익은 김치에는 비타민은 물론이고 칼슘, 칼륨이 풍부하게 들어 있을 뿐 아니라 유산균도 무려 13종류나 들어 있어. 김치 1그램에 6억에서 8억 마리의 유산균이 들어 있대. 유산균은 장 속에서 나쁜 균들을 막아 병에 걸리지 않게 해 주는 고마운 균이지. 김치만 잘 먹어도 따로 영양제를 먹을 필요가 없겠지?

● 젓갈

우리 조상들은 아주 오래전부터 생선은 물론이고 갑각류와 어패류 등에 소금을 넣어 발효시켰어. 그렇게 만든 발효 식품이 독특한 감칠맛과 향을 가진 젓갈이야. 잘 발효된 젓갈은 그 자체로 훌륭한 반찬이 되고, 김치나 다른 요리를 할 때 넣으면 음식 맛을 더욱 살려 줘. 쫄깃쫄깃한 오징어젓갈이나 깊은 감칠맛 나는 조개젓처럼 재료를 그대로 먹는 젓갈도 맛있지만, 건더기를 걸러 내고 국물만 끓여서 먹는 액젓이야말로 우리 밥상을 풍성하게 만들어 주는 일등 공신이지. 맛있는 김치를 담글 때도 멸치액젓이나 까나리액젓을 넣어.

젓갈은 대부분 버리는 부분 없이 생선 통째로 만들기 때문에 생선의 단백질과 칼슘 같은 영양분을 완벽하게 먹을 수 있어. 고기를 쉽게 먹기 어려웠던 옛날 사람들은 다양한 젓갈을 통해 영양분을 보충할 수 있었지.

세계의 발효 음식

발효는 평범한 재료가 시간이 흐르면서 곰팡이나 미생물들의 활동에 의해 변하는 걸 말해. 이 과정을 통해 밀가루는 빵이 되고, 포도는 와인이 되고, 쌀은 막걸리가 되고, 술은 식초가 되지. 전 세계 어디에나 이런 발효 식품들이 있어. 아시아 여러 지역에서는 우리나라처럼 장이나 젓갈 같은 음식을, 서양에서는 치즈와 요구르트 같은 발효 식품을 즐겨 먹지.

● 장

중국 첨면장 콩과 밀을 찐 다음 소금을 넣어 발효시킨 중국 된장. 중국의 산둥 성에서는 오래전부터 첨면장을 돼지고기와 함께 볶아 국수에 올린 '작장면'이라는 음식을 만들어 먹었는데, 이 음식이 우리나라로 건너와 짜장면이 됐어.

중국 두반장 누에콩으로 만든 중국 된장에 고추나 향신료를 넣어 발효시킨 장. 맛은

우리나라의 된장과 고추장을 반반 섞은 것과 비슷해.

일본 미소 콩으로만 만드는 우리 된장과 달리 쌀이나 밀을 넣어서 달짝지근한 맛이 나는 된장. 미소로 국을 끓일 때는 미리 건더기를 익히고 먹기 직전에 미소를 넣고 살짝만 끓여야 해. 그래야 향이 날아가지 않거든.

일본 낫토 일본식 청국장. 끓이지 않고 생으로 먹는 게 특징이야. 겨자, 간장을 뿌려 먹거나 김이나 달걀을 넣고 잘 저어서 먹어. 일본 사람들은 간단한 아침식사로 낫토를 즐겨 먹어.

태국 토아니오 '썩은 콩'이라는 뜻을 가진 태국식 청국장. 식재료가 귀한 태국 북부 산악 지대에서 많이 만들어 먹어.

> ★이외에도 청국장이랑 비슷한 음식들이 많이 있어.
> 중국-떠우츠, 인도네시아-템페, 인도-스자체, 네팔-키네마

●젓갈

젓갈은 무척 오래전부터 먹어 왔어. 강과 바다에서 잡은 생선을 어떻게 썩지 않게 보관할까 궁리하다 생선을 소금에 절이게 되었지. 고대 로마에서도 '가룸'이라는 젓갈을 즐겨 먹었다고 해. 우리나라와 중국, 일본은 물론이고 동남아시아 나라들은 거의 비슷한 방법으로 액젓을 많이 담가 먹어. 주로 음식의 간을 맞추거나 찍어 먹는 용도지.

> ★세계 여러 나라의 액젓
> 태국-남플라, 베트남-느억맘, 미얀마-응아삐, 인도네시아-케찹 이칸, 필리핀-파티스, 일본-숏쓰루, 말레이시아-부두

● (김치랑 비슷한) 절임

중국 파오차이 배추, 무, 당근 같은 채소에 생강, 피망, 마늘 등을 넣고 소금이나 식초, 설탕, 백주를 섞어 끓인 물에 담가 발효를 시켜. 일종의 물김치야.

일본 쓰케모노 소금이나 된장, 식초, 쌀겨에 절인 채소 절임. 매실 절임인 '우메보시'와 소금에 절인 무를 쌀겨에 묻혀 발효시킨 '타쿠앙'이 가장 유명해.

독일 사우어크라우트 양배추를 잘게 채 썰어 소금에 절인 거야. 양배추 김치라고나 할까. 독일어로 '신맛이 나는 양배추'라는 뜻이야. 보통 감자 요리나 소시지 요리에 곁들여 먹어.

태국 팍깟덩 밥을 지을 때 생기는 밥물과 소금물에 채소를 넣어 숙성시킨 것. 우리나라의 짠지나 오이지랑 비슷한 맛이야. 약간 시큼한 맛이 나.

인도 아차르 고추, 라임, 망고 등의 채소나 과일을 식초나 소금에 절인 것. 서양의 피클과 비슷해.

서양 피클 채소나 과일을 식초에 절인 것. '소금물에 절이다.'라는 뜻을 가진 네덜란드어 '페클'에서 유래된 음식이야. 새콤달콤 아삭아삭한 맛이 고기 요리와 같이 먹으면 잘 어울려.

● 요구르트

새콤달콤하고 향긋하면서 부드러운 맛, 어떤 음식이냐고? 바로 요구르트야. 요구르트는 동물의 젖을 유산균으로 발효시켜서 만든 식품이야. 우리가 흔히 먹는 요구르트는 소젖, 그러니까 우유로 만들지만 염소젖이나 양젖, 말젖으로 만든 요구르트도 있어.

아주 먼 옛날, 소나 양을 키우던 터키의 유목민들은 가축에게 먹일 풀을 찾아 먼 곳까지 옮겨 다니며 살았어. 늘 옮겨 다녀야 했기 때문에 소나 양의 젖을 가죽 자루에 담아 가지고 다녔지. 그런데 날씨가 따뜻해지면 유산균이 활발하게 활동을 하면서 가죽 자루 속에서 우유가 요구르트가 되어 버렸어. 아마 처음에는 젖이 상한 줄 알고 먹지 않았겠지. 그런데 한두 번 먹어 보니 맛도 좋고 배 속도 편하거든. 요구르트는 금세 다른 나라로 퍼져 나갔어.

젖은 금방 상하지만 요구르트로 만들면 좀 더 오래 두고 먹을 수 있을 뿐만 아니라 소화도 더 잘돼. 유산균이 젖 속에 들어 있는 단백질과 지방을 소화하기 쉽게 분해해 주거든.

터키 아이란 맨 처음 요구르트를 만든 나라답게 오늘날에도 집집마다 요구르트를 만들어. 우리 밥상에 김치가 빠질 수 없는 것처럼 터키 사람들의 밥상에는 요구르트가 절대 빠지는 법이 없어. 아이란은 걸쭉한 요구르트에 탄산수나 물을 넣고 소금으로 짭짤하게 간을 한 음료야. 더운 날씨에 갈증을 풀기에도 아주 좋아.

불가리아 키셀로 물랴코 불가리아는 다른 무엇보다 요구르트로 유명한 나라야. 불가리아에서만 배양되는 특별한 유산균으로 맛 좋은 요구르트를 만들어. 그래서 우리나라를 비롯해 일본, 유럽의 여러 나라에서는 불가리아의 유산균을 수입해서 요

별별 나라의 특별한 음식

구르트를 만들기도 해. 채소에 요구르트를 끼얹은 '스네잔카', 요구르트로 만든 차가운 수프 '타라토르'는 불가리아 사람들이 아주 좋아하는 음식이야.

그리스 양젖 요구르트 그리스 요구르트는 보통 양젖으로 만드는데, 우유로 만든 것보다 맛이 더 진할 뿐 아니라 몸에 좋은 성분도 더 많아서 장수 식품으로 알려져 있어. 요구르트에 마늘, 올리브오일, 향신료를 넣어서 만든 '차지키 소스'는 그리스 사람들 밥상에서 절대 빠지지 않는 단골 메뉴야.

> ★이외에도 일상에서 요구르트를 즐겨 먹는 나라들이 있어.
> 인도-다히, 몽골-타락, 사우디아라비아-라반, 이란-머스트, 러시아-케피르

● 치즈

우리나라 사람들이 밥을 먹을 때 김치를 찾는 것처럼, 유럽 사람들은 밥상을 차릴 때

치즈를 빠뜨리지 않아. 치즈는 요구르트랑 마찬가지로 동물의 젖을 발효시켜서 만들어. 젖의 종류나 발효를 시키는 미생물, 숙성을 시키는 방법에 따라 엄청나게 다양한 치즈가 만들어져.

맨 처음 치즈가 만들어진 건 요구르트랑 마찬가지로 먼 곳으로 여행을 다니는 사람들 덕분이야. 무려 6, 7천 년 전, 어떤 상인이 여행 중에 먹으려고 양의 위장으로 만든 가죽 주머니에 염소젖을 넣어 뒀대. 그런데 깜박 잊고 나중에 열어 보니 염소젖이 흰색 덩어리로 변해 있더래. 양 위장에 있던 '레닛'이라는 효소가 우유를 발효시켜서 치즈를 만든 거야.

치즈는 맛도 훌륭하지만 칼슘과 단백질이 풍부하기 때문에 한창 자라느라 영양분이 많이 필요한 어린이들에게도 아주 좋은 음식이야. 그냥 먹어도 맛있지만 요리를 할 때 넣으면 음식 맛을 더욱 풍부하게 해 주지. 그래서 오래전부터 요리에서 아주 중요한 역할을 맡고 있어.

스위스 스위스는 깊은 산이 많고 소를 키우기에 좋은 풀밭이 많아서 옛날부터 치즈를 많이 만들어 먹었어. 옛날에는 돈 대신 치즈로 물건을 사기도 했대. '집에 치즈가 얼마나 있는지를 보면 부자인지 아닌지를 알 수 있다.'는 말이 있을 만큼 스위스 사람들에게 치즈는 아주 중요한 음식이야. 구멍이 숭숭 뚫린 '에멘탈' 치즈가 유명해.

프랑스 치즈 종류만 300가지가 넘고 식사 중에 치즈를 먹는 순서가 따로 있을 정도로 프랑스 사람들은 치즈를 좋아해. 가장 유명한 치즈는 '브리' 치즈와 '카망베르' 치즈야. 브리 치즈는 '치즈의 왕'이라는 별명이 있을 만큼 맛과 향이 뛰어나. 카망베르 치즈는 프랑스의 작은 시골 마을인 카망베르의 아낙이 처음 만들어서 그런 이름이 붙었어. 나폴레옹이 가장 좋아한 치즈로 유명해.

네덜란드 세계에서 최고의 유제품을 생산하는 나라는 어디일까? 세계에서 치즈를 가

장 많이 수출하는 나라는? 답은 바로 네덜란드야. '고다'와 '에담' 치즈는 그런 네덜란드를 대표하는 치즈야. 짧게는 한 달에서 길게는 1년 넘게 숙성시켜. 고다와 에담 치즈는 수백 년 전부터 외국으로 수출을 했어. 그래서 먼 곳으로 운반하다가 상하지 않도록 붉은색 왁스로 코팅을 한 것이 특징이야.

이탈리아 우리에게 가장 익숙한 치즈, '모차렐라!' 이 치즈는 물소젖으로 만드는데, 원래 이름보다 '피자 치즈'로 더 많이 알려져 있어. 신선하고 쫄깃쫄깃해서 샐러드에 넣어 많이 먹지만 뜨거울 때는 실처럼 죽 늘어나는 특성이 있어서 여러 요리에 활용하기도 해. 이름부터 특이한 '고르곤졸라' 치즈는 생긴 모양도 참 특이해. 마치 핏줄처럼 보이는 녹색 무늬가 퍼져 있고 코를 찌르는 독특한 향이 나는데, 그건 모두 푸른곰팡이 작품이야.

몽골 몽골 사람들은 소나 양, 염소를 키우는 유목 생활을 하기 때문에 유제품을 정말 많이 먹어. 젖으로도 먹지만 남은 젖은 오래 두고 먹을 수 있도록 치즈를 만든 다음 햇빛에 말려서 보관해. '아롤'은 우유를 말려서 만든 딱딱한 과자야. 햇빛에서 바싹 말려서 일 년 내내 두고 먹지. '바슬락'은 아롤보다 좀 부드러울 정도로만 말린 치즈야.

★이외에도 여러 나라에서 치즈를 즐겨 먹어.
그리스-페타 치즈, 영국-체더 치즈, 미국-몬테레이 잭 치즈

문화와 전통을 잇는
명절 음식

우리나라의 명절 음식

우리나라에는 설, 추석, 대보름 같은 큰 명절이 있어. 식구들은 물론이고 가까운 이웃, 멀리 살던 친척들까지 모두 모여서 즐거운 시간을 보내지. 그 명절에 절대 빠질 수 없는 게 바로 음식이야. '설날'하면 떡국, '추석' 하면 송편이 먼저 떠오를 만큼 명절 음식은 아주 중요해. 명절에 담긴 의미와 감사의 마음을 더욱 되새기게 해 주거든.

●설날 떡국

새해가 시작되는 설날 아침에는 새하얀 가래떡을 썰어서 떡국을 끓여. 새해 첫날 떡국을 먹어야 한 살 더 먹는다고 생각했어. 그래서 나이를 첨가하는 떡이란 뜻으로 '첨세병'이라고 부르기도 해. 새해 첫날에 왜 떡국을 먹게 되었을까? 옛날 풍습을 적어 놓은 《동국세시기》라는 책에는 가래떡을 엽전 모양으로 썰어 떡국을 끓인다고 적혀 있어.

떡국은 지역에 따라 넣는 재료나 떡의 모양이 조금씩 달라. 경기도를 대표하는 개성 조랭이떡국, 전라남도 꿩떡국, 경상남도 굴떡국, 충청북도 미역떡국, 강원도 만두떡국이 유명해. 이 중에 개성 사람들이 먹던 조랭이떡국에는 재미있는 이야기가 담겨있어. 조랭이떡은 가운데가 잘록한 눈사람 모양의 떡인데, 고려를 망하게 하고 조선을 세운 이성계에 대한 원망으로 탄생했다고 해. 이성계는 조선이라는 새로운 나라를 세우면서 과거 고려 사람들을 많이 죽였어. 옛 고려의 수도였던 개성 사람들은 화가 치밀었지. 그래서 이성계의 목을 조르듯이 떡을 하나씩 비틀어 자르는 조랭이떡을 만들면서 울분을 참았다는 이야기야. 귀여운 모양의 조랭이떡국에 이런 한 맺힌 사연이

숨어 있는 줄은 몰랐지?

●대보름 부럼과 잡곡밥

대보름은 새해 들어 처음 맞이하는 보름날이야. 농사의 시작일이라 아주 큰 명절이지. 보름날 새벽에는 땅콩, 호두, 밤 따위를 이로 깨물어 먹어. 이걸 부럼이라고 하는데 이렇게 하면 이도 튼튼해지고 피부병에도 걸리지 않는대. 어른들은 아침에 귀밝이술을 마셔. 다섯 가지 잡곡으로 지은 오곡밥과 아홉 가지 나물 반찬으로 아홉 번 식사를 하는 것도 대보름의 재미있는 풍습이야. 풍년과 복을 비는 재미난 놀이도 많아.

별별 나라의 특별한 음식

● **단오 수리취떡**

단오는 바쁜 농사철이 되기 전에 가족의 건강과 풍년을 빌면서 즐겁게 노는 명절이야. 지금은 많이 사라진 풍습이지만 창포물에 머리를 감고 그네를 뛰고 씨름을 하며 즐겁게 놀았지. 단오에는 그 철에 흔하게 구할 수 있는 재료로 음식을 만들어 주로 수리취떡이나 앵두화채를 만들어 먹었어. 단오의 대표 음식인 수리취떡은 멥쌀가루에 수리취잎 빻은 걸 반죽해서 쪄 낸 거야. 수레바퀴처럼 둥글고 바퀴 무늬가 있어서 수리떡이라고도 해.

● **추석 송편**

한 해 수확을 축하하는 추석이야말로 먹을 것이 가장 많은 명절이야. 여름내 농사지은 햅쌀과 잡곡, 햇과일이 풍성하니까 상다리가 휘어지도록 맛있는 음식을 만들어 먹었지. 그중에서도 가장 대표적인 추석 음식은 송편이야. 송편을 예쁘게 빚으면 잘생긴 신랑 신부를 만나고 예쁜 아기를 낳는다고 해서 누가 예쁘게 빚나 겨루기도 해.

송편은 햅쌀 반죽에 콩이나 깨, 밤으로 소를 넣어 찐 떡이야. 찜통에 찔 때 솔잎을 켜켜이 넣고 쪄서 송편이라는 이름이 붙었어. 솔잎을 넣고 떡을 찌면 향도 좋아지고 잘 상하지도 않아.

송편은 보통 반달 모양으로 빚지만 지역마다 조금씩 차이가 있어. 서울의 송편은 입에 쏙 들어가는 작은 크기야. 강원도는 도토리, 감자 등이 많이 나기 때문에 도토리송편과 감자송편 등을 빚어 먹었어. 전라도에서는 푸른 모시 잎으로 색을 낸 송편을 만들고, 제주도에서는 소로 완두콩을 넣어 둥글게 만들어. 평안도 바닷가에서는 조개가 많이 잡히기를 바라는 마음으로 모시조개 모양으로 작고 예쁘게 빚지. 반면 황해도 지방의 송편은 어른 손바닥만 하게 크게 빚어. 대개 북쪽 지방에서는 송편을 크게

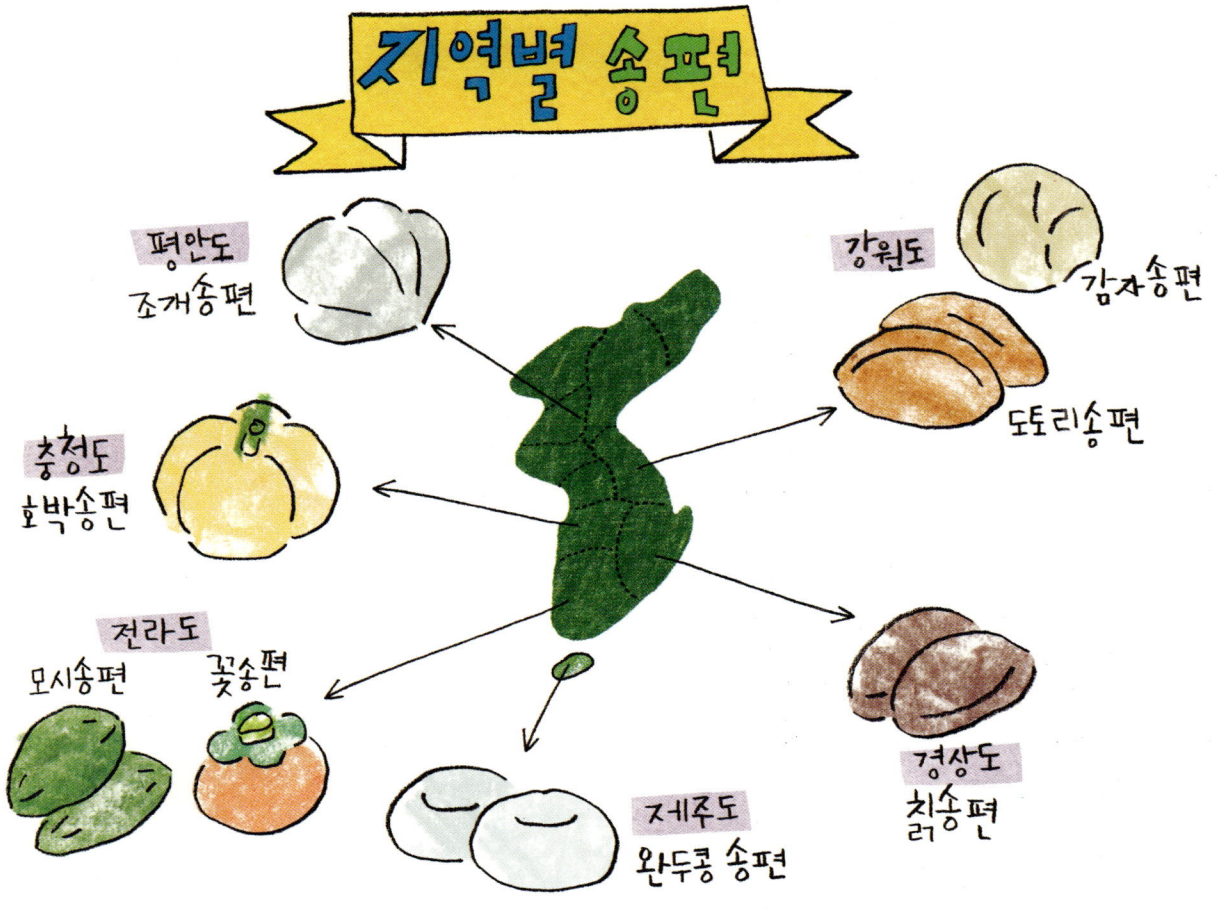

만들고 남쪽 지방에서는 작고 예쁘게 빚었어.

● 동지 팥죽

한 해 중에 밤이 가장 긴 날이 바로 동지야. 동지가 지나면 다시 낮이 더 길어지기 때문에 옛날에는 동지를 '작은설'이라고 불렀어. 그래서 동지에는 나쁜 기운을 몰아내고 좋은 일만 생기라는 의미에서 붉은색 팥으로 팥죽을 끓여 먹었지. 옛날 사람들은 귀신들이 붉은색을 싫어한다고 믿었거든. 동지 팥죽을 끓일 때는 찹쌀로 빚은 새알심을 넣는데 자기 나이만큼 먹어야 한대.

세계의 명절 음식

명절이면 가족, 친지들과 모여 시간을 보내잖아. 그런데 우리만 명절이 있는 게 아니야. 새해맞이 명절이나 추수감사절같이 공통되는 명절도 있고, 각 나라와 민족에 따라 고유의 명절을 지내기도 하지. 명절에는 그 날을 더욱 특별하게 만들어 주는 의식을 하거나 의미가 담긴 음식을 만들어 먹어.

● **새해맞이**

중국 만두 중국에서는 새해에 교자 만두를 먹어. 이때 '교'자가 교차한다는 의미를 담고 있어. 새해와 묵은해가 교차하는 새해에 딱 맞는 의미지.

일본 오조니 일본 사람들도 우리처럼 새해 첫날 떡국을 먹어. '오조니'라고 하는데, 맑은장국이나 된장국에 찰떡, 버섯이나 죽순을 넣고 만들어. '오세치'라는 달달한 조림 요리도 먹어.

베트남 수박 베트남 사람들은 새해 첫날 집집마다 수박을 준비해서 쪼개. 속이 빨갛게 잘 익었으면 한 해 동안 복을 받을 거라고 믿는대.

이스라엘 할라 이스라엘은 유대력이라는 전통 달력을 쓰기 때문에 9월에 새해를 맞아. 특이한 건 설 전날부터 새해 점심까지 음식을 먹지 않고 지은 죄를 뉘우친대. 그 뒤에 축복의 의미가 담긴 '할라'라는 빵을 먹는데, 꼭 머리를 땋아 놓은 것처럼 생겼어.

프랑스 갈레트 데 루아 프랑스에서는 새해 첫날에 '왕의 과자'라는 뜻이 담긴 빵을 먹어. 만들 때 작은 도자기 인형을 넣고 구운 다음 나누어 먹는데, 인형이 들어 있는 조각을 차지한 사람은 그날 하루 왕 대접을 받을 수 있어.

네덜란드 올리볼렌 나쁜 귀신들이 붙지 말고 미끄러지라고 기름에 튀긴 '올리볼렌'이라는 빵을 먹어. 올리볼렌에는 설탕과 말린 과일 같은 걸 잔뜩 넣어서 아주 달콤해.

이탈리아 코테치노 콘 렌티치 새해 음식으로 돼지 족발로 만든 소시지에 콩을 곁들인 '코테치노 콘 렌티치'를 먹어. 이탈리아에서는 돼지고기를 먹으면 한 해를 풍요롭게 살 수 있다고 믿거든. 이탈리아 말로 '긁는다.'는 단어에는 '가난하게 산다.'는 의미가 있는데, 돼지는 땅을 긁는 습성이 없대.

미국 호핑 존 미국 남서부 지방에서는 새해 첫날 '호핑 존'이라는 음식을 먹어. 콩, 쌀, 고기, 베이컨을 넣고 끓인 다음 푸른 채소를 곁들인 음식이야. 콩은 동전, 푸른 채소는 지폐, 고기는 부를 상징한대. 한마디로 한 해 동안 돈이 굴러들어 오라는 의미지.

● **단오**

중국 종자 단오는 중국에서 생겨났는데, 그래서 그런지 아직도 단오를 중요한 명절로 쇠고 있어. 단오에는 대나무 잎으로 싼 '종자'라는 찹쌀 주먹밥을 먹어. 모함에 빠져 억울하게 죽은 충신을 위해 강에 밥을 던져 주던 것에서 유래했어.

일본 가시와모치 일본의 단오는 남자아이들의 앞날을 축복하는 명절이야. '가시와모치'라는 떡을 먹는데, 팥소가 들어 있는 찹쌀떡을 떡갈나무 잎으로 싼 거야. 자손이 끊기지 말라는 의미를 담고 있어.

베트남 바인우 베트남의 단오는 해충을 잡고 예방하는 의식이 많아. 단오인 음력 5월 5일 즈음이 쌀농사에서는 아주 중요한 시기거든. 베트남 사람들은 이날 '바인우'라는 찰밥을 먹어.

● 추석

중국 월병 중국 사람들은 추석을 중추절이라고 부르는데, 월병이라는 과자를 먹어. 월병은 둥근 보름달 모양의 과자야. 중국 사람들은 월병을 먹으면 좋은 일이 생긴다고 믿어. 월병에 복을 비는 글자나 그림을 새겨 넣어 월병 하나를 식구 수대로 잘라서 나누어 먹는대.

미국 칠면조 구이 미국은 농작물 수확한 것을 감사하고 축하하는 의미로 추수감사절을 지내. 미국은 영국에서 건너온 사람들이 세운 나라야. 그래서 음식도 영국이랑 비슷한 것이 많아. 원래 영국에서는 명절에 거위 구이를 많이 먹는데, 미국으로 건너와서 거위 대신 칠면조로 요리를 만들었어.

페루 산쿠 페루 사람들은 해마다 태양신에게 감사를 올리는 태양제를 지내. 태양신이 농사를 돌본다고 생각하기 때문에 햇옥수수로 태양을 닮은 '산쿠'라는 빵을 만들어 먹지. 산쿠를 먹으면 태양의 축복을 받을 수 있다고 생각한대.

● 크리스마스

서양에서는 크리스마스야말로 절대 빼놓을 수 없는 중요한 명절이야. 크리스마스가 어떤 날인지는 알고 있지? 맞아, 아기 예수님이 태어난 날이야. 이날에는 식구들이나 가까운 친구들끼리 선물을 주고받고 맛있는 음식을 나누어 먹어. 대개 특별한 케이크를 구워서 함께 먹는데 나라마다 다 달라.

★**라마단** 음식을 먹지 않는 명절도 있어. 이슬람교를 믿는 나라에서 지내는 '라마단'이야. 라마단은 이슬람 달력으로 아홉 번째 달을 가리키는 말인데, 이 한 달 동안 기도와 예배를 올리면서 종교 의식에 집중해. 라마단에는 해가 떠 있는 시간에는 아무것도 먹지 않아. 밥은 물론이고 물도 마실 수 없어.

우리나라의 면 요리

면은 밀가루, 메밀가루, 녹말가루 등으로 반죽해서 가늘고 길게 뽑은 걸 말해. 흔히 국수라고 하지. 우리나라에 국수가 처음 들어온 건 고려 시대야. 중국을 통해 들어왔는데, 처음에는 제사나 생일, 결혼식 같은 특별한 날에만 먹을 수 있는 귀한 음식이었대. 지금도 결혼식이나 생일이면 손님에게 잔치국수를 대접하는 전통이 남아 있어. 국수를 먹으면 건강하게 오래 산다는 믿음이 있기 때문이야.

지금은 밀가루로 만든 국수를 흔히 먹지만 옛날 우리나라에는 밀이 아주 귀했어. 밀 농사를 많이 짓지 않았거든. 대신 밀보다 쉽게 기를 수 있는 메밀이 많았어. 그래서 옛날에는 국수를 거의 메밀가루로 만들었지. 조선 시대 세종대왕도 메밀국수를 아주 좋아했대.

그런데 메밀은 밀과 달리 끈기가 없어서 국수로 만들면 잘 끊어져. 글루텐이라는 성분이 없어서 그래. 그래서 반죽을 늘여서 면을 만드는 것이 아니라, 구멍이 뚫린 틀에 반죽을 넣고 힘껏 밀어서 면을 뽑아냈어. 일본이나 중국은 우리보다 밀이 흔했기 때문에 반죽을 길게 늘여서 면을 만들거나 반죽을 얇게 밀어서 칼로 써는 국수를 더 많이 먹었지. 그래서 우리나라에서는 '국수를 뺀다.', 일본은 '국수를 썬다.', 중국은 '국수를 친다.'고 해.

● 칼국수

반죽한 밀가루를 칼로 썰어 면을 만들어. 반죽을 방망이로 얇게 민 다음 착착 접어서

칼로 가늘게 썰지. 이 면을 멸치나 닭고기, 해물을 끓여 만든 국물에 넣어 끓이면 돼. 칼국수는 남쪽 지방에서 많이 먹었어. 산골에서는 멸치 육수, 바닷가에서는 조개, 농촌에서는 닭, 저마다 구하기 쉬운 재료로 육수를 내서 칼국수를 즐겼지.

● 냉면

냉면은 본래 추운 북쪽 지역에서 먹던 음식이야. 북쪽은 밀가루가 귀해서 메밀과 감자, 고구마를 재료로 면을 뽑아 냉면을 만들었어. 지금은 더운 여름에 많이 먹지만 냉면은 본래 추운 겨울에 먹던 음식이지. 뜨거운 온돌방에 앉아 먹는 이가 시리도록 차가운 냉면은 별미 중의 별미지. 감자 전분으로 만든 면에 매콤하게 무친 생선회를 곁들인 함흥냉면과 꿩 육수와 동치미 국물을 섞은 담백한 육수에 메밀 면을 넣은 평양냉면이 유명해.

●막국수

메밀로 만든 면을 김칫국에 말아 먹는 국수야. 전부터 메밀 농사를 많이 지었던 강원도 지방에서 주로 해 먹었어. 비싼 소고기 육수 대신 김칫국을 이용하고, 거칠게 막 빻은 메밀가루로 만들었다고 해서 막국수라는 이름이 붙었지. 메밀가루 반죽을 국수 틀에 넣고 눌러서 면을 뽑아. 매콤하고 시원해서 여름에 많이 먹어.

●콩국수

삶은 콩을 곱게 갈아서 콩물을 만들어. 삶아서 찬물에 헹군 국수를 콩물에 말고 소금으로 간을 맞추어 먹는 소박한 음식이야. 한여름 더위에 지쳐 입맛을 잃었을 때 먹으면 아주 좋아. 시원한 콩국수에 새콤하게 익은 열무김치를 곁들인다면 그깟 여름 더위쯤은 얼마든지 이겨낼 수 있어.

이런 날은 얼음 띄운 시원한 국수가 딱인데!

●고기국수

제주도에서 주로 먹는 음식이야. 제주도 흑돼지로 육수를 만들고 국수 위에 돼지고기 수육을 올리는 것이 특징이야. 제주도는 옛날부터 돼지를 많이 키웠어. 돼지를 한 마리 잡아 음식을 만들면 뼈와 살코기가 남고는 했지. 그걸 어떻게 먹을까 고민하다가 큰 솥에 모두 넣고 푹 고아 낸 뒤 면을 삶아 곁들여 먹었더니 맛이 아주 좋더래. 그때부터 돼지를 잡는 날이면 반드시 고기국수도 같이 만들어 먹었지. 지금도 제주도에서는 마을 잔칫날이나 결혼식 같은 행사가 있을 때 손님들에게 고기국수를 대접해. 제주도 음식은 양념을 거의 쓰지 않고 재료의 맛을 그대로 살린 조리법이 많아. 고기국수도 특별한 양념을 하지 않지만 돼지고기의 진한 맛이 잘 살아 있어.

세계의 면 요리

국수는 역사가 아주 오래된 음식이야. 서양에서 곡물 가루로 빵을 만들었다면, 아시아나 중동 지역에서는 국수를 만들어 먹었어. 국수는 맛도 좋은 데다 비교적 쉽게 만들 수 있고 여러 가지로 변형을 하기 쉬운 음식이야. 그래서 지금은 전 세계 사람들이 즐겨 먹는 인기 음식이 됐지. 이탈리아 사람들은 오래전부터 온갖 종류의 파스타를 만들어 먹어 왔어. 그래서 다른 유럽 사람들도 자연스럽게 파스타를 찾게 되었지.

●중국 도삭면

오늘날 아시아의 많은 나라들이 국수를 즐기게 된 건 중국의 영향이 커. 우리나라, 일본, 베트남, 태국까지 모두 중국을 통해 국수가 들어왔거든. 중국은 국수 종류가 어마어마하게 많은데, 그중 도삭면은 만드는 모습이 특이해. 베개만 한 밀가루 반죽을 왼손과 어깨에 걸치고 칼로 감자 껍질을 벗기듯이 쳐내서 끓는 물속에 퐁당 떨어지게 해. 맛도 맛이지만 만드는 모습이 마치 서커스 공연처럼 볼 만해.

●일본 소바

일본 사람들은 면을 좋아해서 밥보다 더 많이 먹을 정도야. 특히 메밀로 만든 국수를 많이 먹는데, 일본에서는 '소바'라고 하지. 메밀가루로 만든 면을 곱게 간 무, 파, 고추냉이를 넣은 차가운 간장에 담가 먹는 음식이야. 메밀 면에 뜨거운 국물을 부어 먹

기도 해. 일본에서는 한 해의 마지막 날인 12월 31일에 소바를 먹는 풍습이 있어. 이 날 소바를 먹으면 오래 산다고 믿는대.

● **태국 팟타이**

동남아시아의 나라들은 쌀농사를 많이 짓기 때문에 쌀국수를 많이 먹어. 태국도 마찬가지야. 태국의 볶음국수인 팟타이는 똠양꿍과 함께 태국을 대표하는 요리야. 간단한 식사, 반찬이나 간식으로도 많이 먹어. 단맛과 새콤한 맛, 고소한 맛이 어우러진 것이 특징이야.

● **필리핀 판싯**

필리핀 사람들이 무척 즐겨 먹는 면 요리야. 쌀국수에 채소와 고기를 국물 없이 자작하게 볶은 국수인데, 우리나라 잡채랑 모양도 맛도 비슷해.

● 싱가포르 락사

쌀국수에 숙주나물, 어묵, 새우를 듬뿍 넣어 만들어. 부드러운 코코넛밀크를 넣어서 국물을 만들기 때문에 걸쭉하고 구수해.

● 우즈베키스탄 라그만

중국의 소수 민족인 위구르 사람들이 만들어 먹던 음식이라고 알려져 있어. 우즈베키스탄을 비롯해 카자흐스탄과 러시아 사람들까지 즐겨 먹지. 밀가루로 만든 면에 소고기나 양고기에 채소를 넣어 볶은 소스를 부어 먹는데, 국물이 흥건한 '우즈벡 라그만'과 국물이 거의 없는 '위구르 라그만'으로 구분해. 약간 느끼하지만 고기와 채소의 풍부한 맛을 느낄 수 있지.

● 이탈리아 파스타

이탈리아는 유럽의 다른 나라들과 달리 국수를 많이 먹어. 파스타는 피자와 함께 이탈리아를 대표하는 음식인데, 이탈리아 사람들은 날이면 날마다 파스타를 먹어. 스파게티는 알겠는데 파스타는 뭐냐고? 이탈리아에서는 밀가루로 만든 음식을 모두 파스타라고 하는데, 그중 우리에게 가장 잘 알려진 파스타가 바로 가늘고 길쭉한 모양의 '스파게티'야. 파스타 종류는 재료에 따라 150가지가 넘고, 생긴 모양에 따라 600가지가 넘을 정도로 아주 다양해. 파스타 모양만 디자인하는 디자이너가 따로 있을 정도야.

 옛날에는 파스타가 가난한 사람들만 먹는 음식이었대. 상인들이 수레에 싣고 다니

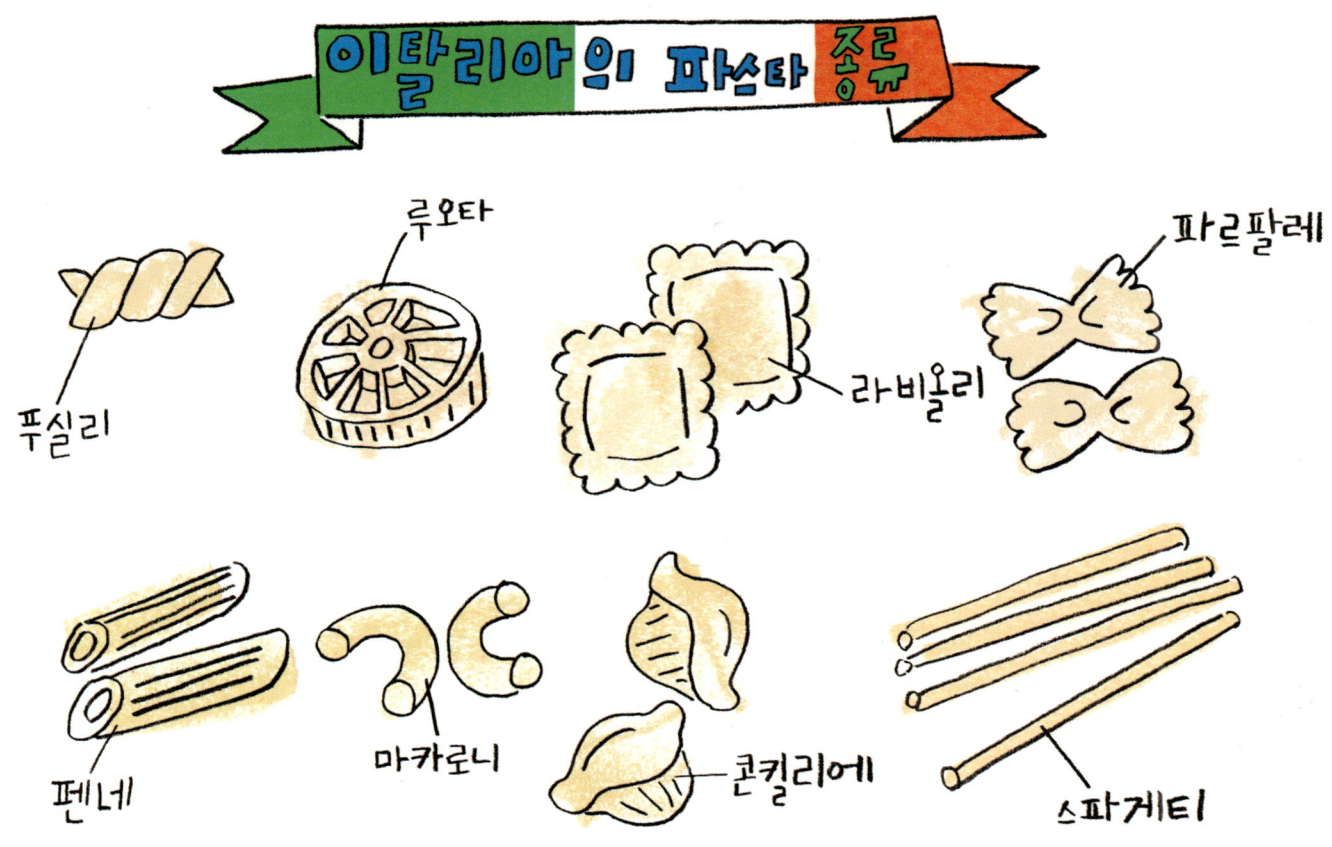

면서 길에서 팔았는데 포크나 숟가락도 없이 그냥 맨손으로 집어 먹었거든. 그러다가 포크가 나오면서 점잖은 척하기 좋아하는 귀족들도 파스타의 매력에 빠지게 된 거야.

대표적인 파스타는 '알리오 올리오'로, 올리브오일과 마늘만 넣어서 담백해. 이외에도 토마토 소스를 넣은 '볼로네즈'와 조개를 넣어 만든 '봉골레', 파르메산 치즈를 넣어 만드는 '까르보나라'가 유명해.

우리나라의 계절 음식

옛날 사람들은 철마다 많이 나는 재료로 맛있는 음식을 해 먹었어. 봄에는 향긋한 봄나물과 진달래로 예쁜 화전을 부쳐 먹고, 여름에는 달콤한 과일과 뜨거운 삼계탕으로 기운을 북돋우고, 가을에는 햅쌀로 송편을 빚어 먹었어. 산과 들이 꽁꽁 얼어붙는 겨울에는 일 년 내내 갈무리해 둔 저장 음식을 먹었지. 그때그때 많이 나는 재료를 이용하니까 맛과 영양이 뛰어날 뿐 아니라 값도 쌌어. 지금은 여름에는 에어컨을 빵빵하게 틀고, 겨울에는 집에서 반팔을 입을 정도로 따뜻하게 지내는 사람이 많아서 그런지 옛날만큼 계절 음식을 챙겨 먹지 않는 것 같아. 하지만 삼계탕은 역시 뜨거운 여름에 땀을 뻘뻘 흘리면서 먹어야 제맛이고, 김이 모락모락 나는 찐빵은 추운 겨울에 먹어야 제맛 아니겠어?

●팥빙수

사람들은 언제부터 빙수를 먹었을까? 기원전 3000년경 중국에서는 눈이나 얼음에 꿀과 과일즙을 섞어 먹었대. 기원전 300년경 알렉산드로스 대왕이 페르시아를 점령할 때 만들어 먹었다는 이야기도 있어. 병사들이 더위와 피로에 지쳐 쓰러지자 높은 산에 쌓인 눈에 꿀과 과일즙을 넣어 먹여 기운을 차리게 했다는 거야. 우리나라에는 조선 시대에 서빙고라는 얼음 창고가 있었어. 관원들에게 얼음을 나누어 주자 잘게 부수어 화채를 만들어 먹었다는 기록이 있어. 지금 우리가 흔히 먹는 빙수는 잘게 부순 얼음 위에 차게 식힌 단팥을 얹어 먹는 일본 음식이 전해진 거야. 요즘은 다양한 재료

를 이용해서 과일빙수, 커피빙수, 녹차빙수 등을 만들기도 해.

● **삼계탕**

여름 하면 떠오르는 음식은 뭐니 뭐니 해도 삼계탕! 어떻게 뜨거운 여름에 더 뜨거운 삼계탕을 먹을 생각을 했을까? 덥다 덥다 하면서 자꾸 차가운 음식을 먹으면 우리 몸속이 아주 차가워져. 이럴수록 뜨거운 음식을 먹으면서 땀을 내야 몸이 더 좋아한대. 우리 조상들은 그런 걸 어떻게 다 알았을까? 삼계탕은 어린 닭의 배 속에 찹쌀과 마늘, 대추, 인삼을 넣고 물을 부어 끓여서 만들어. 몸에 좋은 재료를 듬뿍 넣어서 여름철 더위로 잃어버린 체력을 보충하기에 그만이지. 물론 맛도 좋아. 삼계탕은 우리나라를 찾은 외국인들이 맛있다고 손꼽는 한국 음식 중 하나야.

세계의 계절 음식

● 스페인 가스파초

아랍어로 '촉촉하게 젖은 빵'이라는 뜻이야. 스페인이 이슬람 제국의 지배를 받던 때부터 즐겨 먹는 여름 별미야. 토마토와 마늘, 각종 채소를 곱게 갈아서 만들어. 시원하고 칼칼해서 아침 식사로도 많이 먹어.

● 러시아 아크로시카

러시아가 북쪽에 있어서 추운 줄만 알았다면 큰 오해야. 러시아의 여름은 우리나라 여름 못지않게 무척 더워. '아크로시카'는 러시아 사람들이 더운 여름날 즐겨 먹는 차가운 수프야. 호밀과 보리를 발효시켜 만든 알코올 음료인 '크바스'로 만들기 때문에 새콤한 맛이 나.

● 불가리아 타라토르

덥고 건조한 불가리아의 여름을 이기게 해 주는 보양식은 '타라토르'야. 요구르트로 만든 차가운 수프인데 다진 마늘, 오이, 올리브오일, 허브, 견과류를 잘 섞어 만들어. '냄새만 나지 않는다면 금보다도 더 귀한 보물이다.'라는 속담이 있을 정도로 몸에 좋아.

● 일본 우나기

일본 사람들은 더위에 잃어버린 체력을 보충하기 위해 장어를 먹어. 일본말로 우나기야. 달콤하고 짭짤한 간장 양념을 여러 번 발라 가면서 구운 장어구이를 밥 위에 얹은 덮밥 한 그릇이면 더운 여름을 거뜬히 이겨 낼 수 있어. 일본 사람들은 검정색 음식이 몸에 좋다고 믿기 있기 때문에 장어를 즐겨 먹는 풍습이 생겨났대.

● 프랑스 포토피

겨울이면 프랑스 가정의 식탁에 자주 오르는 메뉴야. 우리나라 곰국처럼 아주 푹 끓여서 만들어. 포토피는 '불에 올린 냄비'라는 뜻인데, 바닥이 두껍고 깊은 냄비에 소고기와 채소를 덩어리째 넣고 각종 향신료를 넣은 뒤 끓여. 기름을 걷어 가면서 오래오래 끓이는 요리야. 추위에 꽁꽁 언 몸과 마음을 따뜻하게 녹여 주지.

● 헝가리 굴라쉬

추운 겨울에 먹는 매운 고기 찌개야. 소고기나 돼지고기에 사우어크라우트, 고추, 파프리카, 마늘, 양파, 토마토, 크림을 넣고 오래오래 끓여. 깊은 맛을 내려면 1시간 이상 천천히 끓여야 해. 헝가리에서 많이 나는 매운 고추를 넣어서 얼큰해.

우리나라의 간식

● 떡

떡은 한마디로 곡물가루를 찌거나 삶아 익힌 뒤 모양을 빚어 먹는 음식이야. 우리나라뿐만 아니라 쌀을 주식으로 하는 아시아 여러 나라들은 모두 오래전부터 떡을 만들어 먹었어. 우리 조상들은 좋은 일이나 슬픈 일, 큰일이 있을 때마다 떡을 해서 이웃과 나누었지. 백설기, 가래떡, 인절미, 개떡, 기주떡, 꿀떡, 부꾸미, 송편, 시루떡, 약식, 전병, 절편, 화전, 모시떡, 수수경단, 오메기떡, 두텁단자, 감자떡 등 떡의 종류는 정말 셀 수 없을 정도로 많아.

● 떡볶이

원래 우리나라 전통 떡볶이는 지금 우리가 먹는 떡볶이랑은 생김이나 맛이 많이 달라. 가래떡에 갖은 양념을 한 고기와 채소를 넣고 볶은 음식이었지. 간장 양념을 넣어 달달하면서도 짭짤하게 만들었어. 그러다가 1950년대에 서울 신당동이라는 곳에서 처음으로 지금처럼 고추장 양념을 한 떡볶이를 팔기 시작했어. 이 음식이 엄청나게 인기를 끌면서 지금껏 우리나라 대표 간식의 자리를 차지하고 있지.

● 강정

찹쌀가루, 꿀, 엿기름, 참기름으로 만든 전통 과자야. 우리 전통 과자는 쌀로 만든 것들이 많아. 밀가루보다 쌀이 더 흔했으니까. 강정은 찹쌀가루를 술로 반죽해 여러 모

양으로 썰어 그늘에 말려. 그다음 기름에 튀겨 꿀과 고물을 묻혀 만들어. 속이 비어 있어서 바삭바삭 부서지는 식감이 좋고, 너무 달지 않아서 많이 먹어도 물리지 않아.

● 약과

약과는 예로부터 사치스러운 고급 과자로 이름이 높았어. 사람들이 약과를 하도 많이 먹어서 곡물, 꿀, 기름의 가격이 턱없이 오를 정도였대. 그래서 나라에서 약과를 만들지 못하게 금지령을 내린 게 한두 번이 아니야. 밀가루에 참기름, 꿀, 술, 생강즙 등을 넣고 반죽을 한 다음 기름에 튀겨 내고 꿀에 재웠으니, 얼마나 달콤하고 맛있겠어.

별별 나라의 특별한 음식

세계의 간식

●프랑스 마카롱

프랑스를 비롯한 유럽 사람들은 식사를 하고 나면 꼭 달콤한 후식을 먹어. 후식을 먹지 않으면 식사를 제대로 하지 못했다고 생각할 정도지. 마카롱은 아몬드가루와 달걀흰자로 만든 과자 사이에 크림을 넣은 것인데, 프랑스 사람들이 가장 즐겨 먹는 과자야.

●일본 화과자

화과자는 아주 화려하고 섬세한 모양이 특징이야. 옛날에는 신에게 바치는 제사 음식으로 사용했고, 왕족이나 높은 신분의 귀족만 맛볼 수 있었어. '첫맛은 눈으로, 끝 맛은 혀로 즐긴다.'는 말이 있을 정도로 아주 화려해.

●벨기에 초콜릿

세상에 초콜릿만큼 많은 사랑을 받는 음식이 또 있을까? 초콜릿 원료인 카카오는 아주 오래전부터 '신이 내린 선물'이라 불릴 정도로 귀하게 여겨지고 많은 사랑을 받았어. 이제 초콜릿은 세계 어느 나라에 가도 없는 곳이 없을 만큼 흔해. 하지만 그중에서도 벨기에에는 전문 초콜릿 가게가 많아. 벨기에 하면 초콜릿이 떠오를 정도로 아주 진하고 맛있는 고급 초콜릿을 만드는 것으로 유명하지.

● 터키 로쿰

터키에서는 '로쿰'이라고 하고, 다른 나라 사람들은 '터키쉬 딜라이트'라고 부르는 젤리 과자야. 얼마나 맛이 있으면 '터키의 즐거움'이라는 이름을 붙였을까? 설탕과 전분으로 만드는데, 장미수나 레몬즙을 넣어서 색이 화려하고 향긋해.

● 필리핀 바나나큐

필리핀은 더운 나라라서 일 년 내내 맛있는 과일이 열려. 바나나도 그중 하나로 바나나로 여러 가지 음식을 만들어 먹지. '바나나큐'는 바나나를 기름에 튀겨 달콤한 소스에 묻힌 건데, 필리핀 길거리에서 흔하게 볼 수 있어.

● 인도 사모사

인도는 길거리 음식의 천국이라 할 만큼 다양한 종류의 주전부리가 있어. 그중 사모사는 채소와 감자를 넣고 삼각형으로 빚어 기름에 튀긴 인도식 만두인데, 맛있고 값도 싸. 인도는 더운 나라라서 음식이 상하기 쉬운데, 기름에 튀긴 음식은 잘 상하지 않기 때문에 사모사 같은 튀긴 음식을 많이 먹어.

인도 대표 간식 사모사

차이를 인정하게 되는
특이한 음식

우리나라의 특이한 음식

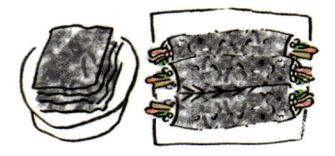

● 간장 게장

게를 먹는 나라는 아주 많지만, 익히지 않은 게를 그대로 간장에 담가 숙성시킨 후에 먹는 건 우리나라에서만 찾아볼 수 있어. 짭조름하게 간이 밴 간장 게장은 옛날부터 '밥도둑'이라는 말을 들어왔어. 어떤 외국인은 간장 게장을 처음 먹어 보고서 "이렇게 맛있는 음식을 그동안 한국 사람들만 먹어 왔다니 정말 치사하다."라고 했다나.

● 미역, 김

미역이나 김 같은 해조류를 먹는 나라가 많지 않다는 거 알고 있니? 실제로 중국이나 일본, 우리나라 외에는 찾아보기 힘들어. 몸에도 좋고 맛도 좋은 미역, 김을 먹지 않는다니 우리로서는 참으로 이해하기 힘든 일이지. 구수한 미역국, 바삭하게 구운 고소한 김을 안 먹는다니 안

타까울 뿐이야.

●부대찌개

부대찌개는 음식 자체가 특이하다기보다 유래가 독특한 음식이야. 우리나라는 1950년대에 큰 전쟁을 치렀어. 무려 3년 동안이나 계속된 전쟁은 모든 걸 망가뜨렸어. 사람들은 먹을 것이 없어서 배를 곯아야 했지. 이런 슬픈 역사 때문에 탄생한 음식이 바로 부대찌개야. 전쟁 중에 미군이 우리나라에 들어왔는데 식량으로 햄과 소시지를 챙겨 왔어. 우리나라 사람들은 그때 소시지와 햄을 처음 봤어. 그러니 당연히 어떻게 해 먹는 줄도 몰랐지. 그래서 흔히 해 먹던 찌개에 넣어 본 거야. '부대에서 나온 고기로 끓인 찌개', 그래서 부대찌개라는 이름이 붙었어. 우리의 슬픈 역사가 만든 음식이지만 맛은 아주 좋아.

●번데기

한때 길거리 음식을 대표하던 국민 간식이었어. 다소 충격적인 생김과는 달리 짭조름하고 씹을수록 고소해지는 맛과 탱글탱글한 식감이 자꾸만 손이 가게 하거든. 무엇보다 번데기는 영양이 무척 풍부해. 고단백 식품인 데다 아이들의 성장발육에 도움이 되는 레시틴이라는 성분도 들어 있어. 곤충이 대체 식품으로 각광받고 있는 요즘, 아주 주목할 만한 음식이라고 할 수 있지.

세계의 **특이한 음식**

● **프랑스 푸아그라**

음식 문화가 발달한 프랑스에는 화려하고 진귀한 요리들이 워낙 많지만 그중에서도 푸아그라는 세계 3대 진미라는 평을 들을 정도로 유명한 음식이야. 진하고 부드러운 맛으로 프랑스뿐 아니라 세계 사람들의 사랑을 받고 있어. 하지만 푸아그라를 먹을 땐 생각해 볼 게 있어. 푸아그라는 거위의 간으로 만드는데, 거위 간을 크게 만들기 위해 거위에게 사료를 억지로 먹인 뒤에 마음대로 움직이지도 못하게 하면서 키워. 이런 잔인한 사육 방식 때문에 '절망의 진미'라는 평을 듣기도 해.

● **중국 취두부**

두부를 발효시킨 다음 기름에 튀겨 소스와 함께 먹는 요리야. 발효가 되면서 비타민 비원(B1)이 늘어나기 때문에 그냥 두부보다 몸에 더 좋대. 하지만 냄새가 워낙 강해서 다른 나라 사람들은 코를 움켜쥐지. 남들이 싫어하거나 말거나, 길거리 어디서나 쉽게 볼 수 있을 만큼 중국 사람들에게 인기 최고인 음식 가운데 하나야.

● **태국 벌레 튀김**

혹시 지금까지 '벌레를 어떻게 먹어!'라고 생각해 왔다면 앞으로는 생각을 바꾸는 게 좋을 거야. 오늘날 벌레는 '친환경적이고 영양가 높은 대체 음식'으로 인정받고 있으니까 말이야. 세계 유명한 요리사들이 벌레를 이용한 요리를 개발하기 시작했어. 동남아시아 여러 나라에서는 말 그대로 벌레라고 이름 붙인 것은 모두 먹는다고 할 정도로 다양한 종류의 벌레를 먹어. 바삭하게 튀겨서 양념을 뿌려 먹는 벌레 튀김은 제법 고소하고 담백해.

● 스웨덴 수르스트뢰밍

고약한 냄새로 유명한 청어 절임이야. 청어를 소금에 절여 2개월 정도 발효를 시킨 뒤에 통조림으로 만들어. 말도 못하게 독특한 향과 맛 때문에 스웨덴 사람들 중에도 못 먹는 사람이 많아. 워낙 냄새가 독해서 집에 냄새가 밸까 봐 집 밖에서만 먹을 정도라니까 어느 정도인지 알 만하지?

● 아이슬란드 하우카르틀

아이슬란드 사람들이 먹는 상어로 만든 저장 음식이야. 상어에는 암모니아가 많은데 이를 빼내지 않고 숙성시켜. 그 뒤에 4~5개월 정도 건조시키면 발효가 되면서 아주 독특하고 강한 맛과 냄새가 나. 냄새는 상상에 맡길게.

● 인도네시아 코피루왁

코피루왁은 이 세상에서 가장 비싼 커피 중 하나야. 인도네시아의 섬에서만 사는 루왁이라는 사향고양이가 있어야 이 커피를 만들 수 있지. 이 고양이는 커피 열매만 먹고 사는데 똥으로 씨를 배설해. 그 씨로 만든 커피가 코피루왁이야. 귀하고 맛있는 커피로 유명해.

나라별 음식 찾기

그리스 수블라키 66, 양젖 요구르트 82, 차지키 소스 82

남아프리카공화국 빌통 67

네덜란드 고다 치즈 84, 에담 치즈 84, 올리본렌 93

대한민국 비빔밥 10, 된장 72, 간장 72, 고추장 73, 청국장 74, 김치 76, 젓갈 76, 떡국 88, 수리취떡 90, 송편 90, 팥죽 91, 메밀국수 98, 칼국수 98, 냉면 99, 막국수 100, 콩국수 100, 고기국수 100, 팥빙수 108, 삼계탕 109, 떡 114, 떡볶이 114, 강정 114, 약과 115, 간장 게장 120, 미역·김 120, 부대찌개 121, 번데기 121

독일 소시지 50, 사우어크라우트 52·80, 슈톨렌 95

러시아 보르스치 66, 아크로시카 110

멕시코 타코 62, 토르티야 64

몽골 아롤 85, 바슬락 85

미국 캘리포니아롤 19, 햄버거 58, 호핑 존 93, 칠면조 구이 94, 호박 파이 95

베트남 포 30, 수박 92, 바인우 94

벨기에 초콜릿 116

불가리아 키셀로 믈랴코 81, 스네잔카 82, 타라토르 110

브라질 페이조아다 66

스웨덴 수르스트뢰밍 123

스위스 퐁뒤 66, 에멘탈 치즈 83,

스페인 파에야 54, 가스파초 110

싱가포르 락사 104

아르헨티나 아사도 67

아이슬란드 하우카르틀 123

알제리 쿠스쿠스 67

영국 피시 앤 칩스 67

요르단 만사프 67

우즈베키스탄 라그만 104

이스라엘 할라 93

이집트 쿠샤리 66

이탈리아 피자 42, 모차렐라 치즈 84, 고르곤졸라 치즈 84, 코테치노 콘 렌티치 93, 파네토네 95, 파스타 104, 알리오 올리오 105, 볼로네즈 105, 봉골레 105, 까르보나라 105

인도 커리 34, 아차르 80, 사모사 117

인도네시아 코피루왁 123

일본 스시 16, 미소 79, 낫토 79, 쓰케모노 80, 오조니 92, 오세치 92, 가시와모치 94, 소바 102, 우나기 110, 화과자 116

중국 만두 20·92, 훈둔 23, 제비집수프 28, 첨면장 78, 두반장 78, 파오차이 80, 종자 93, 월병 94, 도삭면 102, 취두부 122

케냐 우갈리 67

태국 똠양꿍 26, 카오팟 28, 쏨땀 28, 토아니오 79, 팍깟덩 80, 팟타이 103, 벌레 튀김 122

터키 케밥 38, 피데 41, 에크맥 41, 아이란 81, 로쿰 117

페루 산쿠 94

프랑스 부야베스 28, 바게트 46, 에스카르고 48, 브리 치즈 83, 카망베르 치즈 83, 갈레트 데 루아 93, 구겔호프 95, 포토푀 111, 마카롱 116, 푸아그라 122

필리핀 아도보 67, 판싯 103, 바나나큐 117

헝가리 굴라쉬 111

호주 캥거루 스테이크 66

*음식 이름 옆의 쪽수로 다양한 음식을 찾아 보세요.